# ग्रन्थालय अध्ययन माला एवम् सूचना विज्ञान

## (एम. लिब. परीक्षाओं हेतु)

## ज्ञान जगत एवं अनुसंधान विधियाँ

### प्रथम प्रश्न-पत्र

सी.लाल

आगरा कालेज, आगरा

एवम्

के.कुमार



Ess Ess Publications

4837/24, Ansari Road, Darya Ganj,
New Delhi-110002
✆ : 23260807
Fax : 23274173
E-mail: info@essessreference.com

**First Published 2004**

**Reprint 2026**

**ISBN: 81-7000-395-4**

**Price : Rs. 200/-**



*Published by :*

**Ess Ess Publications**

4837/24, Ansari Road, Darya Ganj,
New Delhi - 110 002
Phone : 23260807
Fax : 23274173
E-mail : essess@del3.vsnl.net.in

*Printed at :*
Print Line

# भूमिका

ग्रन्थालय एवम् सूचना विज्ञान में मास्टर डिग्री पाठ्यक्रम (एम. लिब. साइंस) अनेक विश्वविद्यालयों में संचालित किया जा रहा है जिसके लिए अधिकांश साहित्य अँग्रेजी भाषा में उपलब्ध है और जो कुछ भी हिन्दी में उपलब्ध हैं वह पाठ्यक्रम के प्रश्न-पत्रों के अनुसार नहीं है जिससे इस पाठ्यक्रम के हिन्दी भाषा-भाषी छात्रों को अपना साहित्य प्राप्त करने में परेशानियों का सामना करना पड़ता है। छात्रों की इन्हीं परेशानियों को ध्यान में रखकर उनकी माँग के अनुसार हमने उपरोक्त पाठ्यक्रम के समस्त साहित्य को प्रश्न-पत्रों के अनुसार अलग-अलग व्यवस्थित करके **ग्रन्थालय एवम् सूचना विज्ञान अध्ययनमाला** के अन्तर्गत निम्न प्रकार पुस्तकों (गाइडों) की प्रश्नोत्तर रूप में रचना की है।

प्रश्न-पत्र-I : ज्ञान-जगत एवम् अनुसंधान की विधियाँ।

प्रश्न-पत्र-II : गहन् ग्रन्थालय वर्गीकरण (सैद्धान्तिक)।

प्रश्न-पत्र-III : उन्नत् ग्रन्थालय प्रसूचीकरण (सैद्धान्तिक)।

प्रश्न-पत्र-IV : गहन् ग्रन्थालय वर्गीकरण (प्रायोगिक)।

प्रश्न-पत्र-V : उन्नत् ग्रन्थालय प्रसूचीकरण (प्रायोगिक)।

प्रश्न-पत्र-VI : सूचना स्रोत एवम् सेवाएँ।

प्रश्न-पत्र-VII : सूचना प्रौद्योगिकी।

प्रश्न-पत्र-VIII : शैक्षणिक ग्रन्थालय।

अध्ययनमाला की रचनाओं में हमने अनेक विद्वान एवम् सम्माननीय लेखकों की अमूल्य कृतियों से पर्याप्त सहायता प्राप्त की है जिनके प्रति आभार प्रकट करना हम अपना कर्त्तव्य समझते हैं। साथ ही इनसे सम्बन्धित परामर्श एवम् सुझाव प्राप्त करने हेतु हम अपने गुरू प्रो. एस. एम. त्रिपाठी जी के भी अत्यन्त आभारी हैं जिन्होंने हमें इस सम्बन्ध में अन्य प्रकार की भी सहायता प्रदान की है। अन्त में अध्ययनमाला के प्रकाशक श्री सुमित सेठी, एस. एस. पब्लीकेशन्स, नई दिल्ली के प्रति भी हम अपना आभार

प्रकट किए बिना नहीं रह सकते जिन्होंने अध्ययनमाला की प्रतियों के प्रकाशन का कार्य बड़े उत्साह के साथ तीव्र गति से सम्पन्न किया है।

यदि अध्ययनमाला की कोई भी गाइड एम. लिब. साइंस के छात्रों के लिए उपयोगी सिद्ध होगी तो हम अपने प्रयास को सार्थक समझेंगे। सभी प्रकार के सुझाव, परामर्श यदि प्राप्त होते हैं तो उनका स्वागत है।

गंगा दशहरा, 2061,
दिनांक 29.05.2004

सी. लाल
के. कुमार

## प्रश्न-पत्र : प्रथम

# ज्ञान-जगत एवं अनुसंधान की विधियाँ
# (Universe of Knowledge and Research Methodology)

**प्रश्न-1 : ज्ञान का अभिप्राय समझाते हुए बताइये कि ज्ञान का सृजन किस प्रकार होता है ?**

ज्ञान से आशय जानकारी से लिया जाता है अर्थात् जो कुछ मनुष्य को जानकारी है वही ज्ञान है। विश्व के सभी प्राणियों में मात्र मानव ही ऐसा चेतनशील प्राणी है जिसमें विचारने, मनन करने एवम् अनुभव करने की अपार शक्ति है इसलिए मनुष्य ज्ञान प्राप्त करता है तथा उसे दूसरों को भी प्रदान करता है। ज्ञान की उत्पत्ति के लिए ज्ञाता (Knower) अर्थात् जानने वाला तथा ज्ञेय (Knowee) जिसे जाना जाता है दो प्रबल पक्ष होते हैं। इन दोनों से ही ज्ञान की उत्पत्ति होती है किसी एक के अभाव में भी ज्ञान का अस्तित्व सम्भव नहीं होता है। इन दोनों पक्षों में ज्ञाता सदैव मानव ही होता है जो ज्ञात करता है तथा ज्ञेय कोई वस्तु अथवा विचार होता है। मानव ज्यों-ज्यों तत्वों से अवगत होता है त्यों-त्यों ज्ञान की प्राप्ति होती है और क्रम के निरन्तर चलते रहने से ज्ञान की वृद्धि होती है जिसके फलस्वरूप नित्य-प्रति नवीन ज्ञान की उपलब्धि होती है।

इस प्रकार ज्ञान मानव के अनुभवों जिन्हें वह अपने प्रयासों, श्रमों, बौद्धिक क्रियाकलापों से प्राप्त करता है से सृजित होता है।

### ज्ञान का अभिप्राय (Meaning of Knowledge)

वैज्ञानिक दृष्टि से हम ज्ञान को देखें तो उसका अभिप्राय तथ्यों की उस सम्पूर्ण राशि से होता है जिसे मानव श्रम, अनुभव तथा प्रयोगों के माध्यम से अर्जित करता है। साथ ही कल्पना अथवा पौराणिक या कलात्मक वस्तुओं के

उत्पादन आदि से भी किसी न किसी रूप में प्राप्त अनुभव अथवा आध्यात्मिक शक्तियों से प्राप्त अनुभव एवम् सिद्धि को भी ज्ञान की संज्ञा दी जाती है। इस तरह मानव को जो कुछ ज्ञात है उसे ही ज्ञान कहा जाता है। लेकिन मानव के अभाव में ज्ञान का कोई महत्व नहीं होता है अर्थात् ज्ञान मानव के लिए एक शक्ति है साधन है तथा सफलता तथा व्यक्तित्व के विकास का माध्यम है तथा साथ ही राष्ट्र के विकास का भी उपकरण है।

## ज्ञान की परिभाषाएँ (Definitions)

अनेक विद्वानों ने ज्ञान को विभिन्न प्रकार से परिभाषित किया है -

1. **बौद्धिक तंत्र के द्वारा निष्पादित प्रक्रिया का निष्कर्ष ही ज्ञान है।**
   — शेरा
2. **ज्ञान सभ्यता के द्वारा संरक्षित सूचनाओं का कुल योग है।**
   — रंगनाथन्
3. **ज्ञान मानव के श्रम, अनुभवों एवम् प्रयोगों से प्राप्त तथ्यों का योग है।**
   — अज्ञात

## ज्ञान का सृजन (Creation of Knowledge)

जैसा कि ऊपर कहा जा चुका है ज्ञान के सृजन में ज्ञाता तथा ज्ञेय दोनों प्रमुख तत्व माने जाते हैं। ज्ञान में अनुभूति तथा विश्वास निहित होते हैं अर्थात् ज्ञान (Knowledge) = अनुभूति (Cognition) + विश्वास (Belief)। जब हमें किसी तथ्य की अनुभूति होती है और हम उस पर विश्वास करते हैं तब वह ज्ञान का रूप होता है। इस तरह ज्ञाता तत्व ज्ञेय की जानकारी प्राप्त कर लेता है और उसे स्वीकार कर लेता है तब ज्ञान का सृजन हुआ माना जाता है।

**शैफाली गुप्ता** ज्ञान के सम्बन्ध में इस बात पर जोर देती हैं कि ज्ञान, विश्वास अथवा मत से कुछ अधिक है ज्ञान की आधारशिला अवलोकन है जो ज्ञान की स्वाभाविक व्याख्या है।

मानव ईश्वर की एक अनुपम देन है जिसमें प्रकृति ने एक ऐसी नैसर्गिक गूढ़ क्षमता प्रदान की है जो अन्य किसी प्राणी में नहीं है। मानव में यदि जिज्ञासा, चिन्तनशीलता, बुद्धि आदि नहीं होते तो वह भी अन्य जानवरों की

भाँति ही होता। इन्हीं गुणों के कारण मानव प्रगति, विकास एवम् ज्ञान प्राप्त करने के क्षेत्र में अग्रणी रहता है तथा ये ही गुण मानव को ज्ञान प्राप्त करने में योगदान प्रदान करते हैं। इसका आशय यह है कि ज्ञान के सृजन का सम्बन्ध मानव के विकास से प्रत्यक्ष रूप से सम्बन्धित है क्योंकि मानव ने प्रारम्भ से ही जगत के प्रत्येक तत्व एवम् परिघटनाओं की जानकारी प्राप्त करना सीख लिया था और अपने अनुभवों के आधार पर प्राप्त विवरण का संग्रहण करना सीख लिखा था तथा साथ ही उस विवरण को भावी पीढ़ियों के लिए सुरक्षित करने की प्रवृत्ति भी विकसित कर ली थी। इस प्रकार मानव ने अपने प्रयासों के आधार पर अपने अनुभवों के माध्यम से जिस विवरण को अभिलिखित रूप से प्रस्तुत करने का प्रयास किया है उसे हम **ज्ञान** कहते हैं।

**ज्ञान** साधारणतया अन्य पदों से भी जाना जाता है जैसे बुद्धि, डेटा, सूचना, साहित्य आदि। लेकिन **ज्ञान** पद से सम्पूर्ण ज्ञान राशि के एक अमूर्त रूप से आभास होता है लेकिन ज्योंही हम इसे इसकी अनेक शाखाओं और आयामों में विभक्त कर विचार करते हैं और विषय अथवा प्रकरण के नाम से सम्बोधित करते हैं तो ज्ञान एक सीमित, सुनिश्चित तथा ठोस रूप में स्पष्ट होने लगता है।

ज्ञान कुछ निश्चित दिशाओं में ही वृद्धि करता है। मानव प्रकृति, स्वयं तथा समाज का ही निरीक्षण एवम् अध्ययन कर सकता है इसलिए मनुष्य की सीमा के कारण ज्ञान भी केवल इन तीन क्षेत्रों में ही सीमित रहता है और इन्हीं तीन क्षेत्रों में ज्ञान की अभिवृद्धि अत्यधिक हुई है वे क्षेत्र निम्न हैं :-

1. **मनुष्य एवम् प्रकृति** – इसके अध्ययन से प्राकृतिक विज्ञान का सृजन हुआ है।
2. **मनुष्य स्वयं** – मानव ने स्वय के बारे में जाना जिससे मानविकी विषयों का क्षेत्र विकसित हुआ है।
3. **मनुष्य एवम् समाज** – मनुष्य ने समाज का निरीक्षण एवम् अध्ययन किया जिससे सामाजिक विज्ञान का क्षेत्र विकसित हुआ है।

ज्ञान के इन तीनों क्षेत्रों से ही ज्ञान के विभिन्न विषयों का सृजन हुआ है तथा नित्य प्रति इन्हीं से नवीनतम ज्ञान विकसित होकर ज्ञान की अभिवृद्धि हो रही है।

## प्रश्न–2 : ज्ञान की विभिन्न विशेषताओं की व्याख्या कीजिए ?

ज्ञान जिसे अँग्रेजी में Knowledge कहते हैं साधारणत: अन्य पदों से भी जाना जाता है जैसे–सूचना, तथ्य, बुद्धि, समझ, डेटा अथवा साहित्य आदि। ज्ञान शब्द से सम्पूर्ण ज्ञान राशि का आभास होता है ज्ञान मनुष्य के अनुभवों का विवरण होता है जब हमें किसी तथ्य की अनुभूति होती है और हम उस पर विश्वास करते हैं तब वह ज्ञान का रूप ले लेता है।

### ज्ञान की विशेषताएँ (Attributes of Knowledge)

हम जानते हैं कि ज्ञान प्रकृति से गतिशील, आकार में बहुआयामी तथा सीमा एवम् क्षेत्र में निरन्तर वर्द्धनशील होता है। वर्तमान सन्दर्भ में विचार करें तो यह स्पष्ट होता है कि ज्ञान बड़ी तीव्रता के साथ सृजित, प्रस्फुटित तथा विकसित हो रहा है यद्यपि इसकी पृष्ठभूमि में मानवीय आवश्यकता और बौद्धिक क्रियाकलाप अत्यधिक प्रबल दिखाई देते हैं। ज्ञान में अपनी निम्नांकित विशेषताओं के कारण ही उसकी मात्रा में अपार वृद्धि हो रही है।

**1. ज्ञान निरन्तर वृद्धि करता है (Knowledge is growing continuum)**

डॉ॰ रंगानाथन ने ज्ञान को निरन्तर वर्धनशील माना है जो बड़ी तीव्र गति से वृद्धि कर रहा है जिस पर नियन्त्रण पाना अत्यन्त ही कठिन है। ज्ञान की वृद्धि के निम्न कारण हैं –

(अ) ज्ञान का उपयोग अनेक उद्देश्यों से किया जाता है।

(ब) ज्ञान का उपयोग अनेक समस्याओं के निदान के लिए किया जाता है।

(स) ज्ञान संचार के लिए अति आवश्यक है।

**2. ज्ञान अनन्त होता है (Knowledge is infinite)**

ज्ञान असीमित अर्थात् इसकी कोई सीमा नहीं है। प्रारम्भिक काल से लेकर अब तक मुद्रण प्रैस के विकास के साथ ही अनेक विषयों की अनेक पुस्तकों, पत्रिकाओं तथा अन्य पाठ्य-सामग्री में ज्ञान प्रकाशित होता है। नित नवीन विषय निर्मित हो रहे हैं इससे आभास होता है कि ज्ञान असीमित होता जा रहा है। **उदाहरण** – कोलन वर्गीकरण पद्धति के 6वें संस्करण में मुख्य

विषयों की संख्या 42 थी जबकि 7वें संस्करण में इनकी संख्या 105 हो गई है।

**3. ज्ञान बहुआयामी होता है (Knowledge is multidimensional)**

ज्ञान नित्य प्रति बहुआयामी अर्थात् अनेक दिशाओं में विकसित होता है। ज्ञान के क्षेत्र में विभिन्न प्रकार के विशिष्टतायुक्त (Specialized) विषय अध्ययन के परिणामस्वरूप उत्पन्न होते हैं इसलिए ज्ञान बहुमुखी होता जा रहा है। **उदाहरण** — जैसे भौतिकी के विषय Nuclear Physics, Geophysics, Biophysics, Astrophysics आदि क्षेत्रों में विस्तृत हो रहा है।

**4. निरन्तर गतिशील (Turbulentaly dynamic)**

ज्ञान प्रारम्भ से अब तक स्थिर (Static) नहीं रहा है वह निरन्तर गतिशील (Dynamic) रहा है। अनेक प्रकार के नवीनतम शोधों के कारण नवीन एवम् सूक्ष्म विषय बड़ी तीव्र एवम् निरन्तर गति से उत्पन्न होते जा रहे हैं। **उदाहरण** - ऐसा अनुमान किया जाता है कि -

(अ) 197 देशों की 89 भाषाओं में 150000 पत्रिकाओं का प्रकाशन हो रहा है।

(ब) इनमें से 80000 से अधिक अनुसंधान पत्रिकाएँ होती हैं।

(स) सन् 1990 तक 72 बिलियन प्रलेखों का प्रकाशन हो चुका है।

(द) प्रति मिनट विश्व में दो वैज्ञानिक आलेख प्रकाशित होते हैं।

**5. नवीन विषयों का विकास चक्र (Spiral of development of New Subjects)**

विश्व में जनसंख्या वृद्धि और मानवीय आवश्यकताओं की पूर्ति के लिए अनेक प्रकार के अनुसंधान किये जा रहे हैं जिनसे नवीन विषयों का सृजन हो रहा है। नवीन विषयों के सृजन से ज्ञान का विकास हो रहा है -

**उदाहरण** -

(अ) विज्ञान के क्षेत्र में व्यावहारिक अनुसंधान अत्यधिक किया जा रहा है।

(ब) विश्व के प्राय: हर क्षेत्र में बड़ी-बड़ी प्रमुख अनुसंधान परियोजनाएँ चल रही हैं।

(द) नवीन उत्पादों का उपयोग किया जा रहा है।

परिणामतः आज के युग में जिस प्रकार से ज्ञान का विकास हो रहा है वह असीमित एवम् अनन्त बना रहेगा। निष्कर्ष रूप में हम कह सकते हैं कि ज्ञान बहुआयामी, अनन्त एवम् असीमित होता है जिस पर नियन्त्रण करना अत्यधिक कठिन है। वैज्ञानिकों, इन्जीनियरों, डाक्टरों, नियोजकों, विशेषज्ञों तथा उद्योगपतियों को इस ज्ञान को उपलब्ध कराना ग्रन्थालयों अथवा सूचना केन्द्रों का दायित्व रहा है इसीलिए ज्ञान को ग्रन्थालय एवम् सूचना विज्ञान के अध्ययन में सम्मिलित किया गया है।

## प्रश्न–3 : ज्ञान कितने प्रकार का होता है ? समझाइये ।

ग्रन्थालय विशेषज्ञ **डॉ॰ रंगनाथन्** ने स्पष्ट किया है कि ज्ञान निरन्तर वर्धनशील एवम् परिवर्तनशील होता है अतः ज्ञान की प्रवृत्ति के आन्तरिक स्वरूप को खोज निकालना सरल नहीं है। साधारणतः ज्ञान-जगत और इसकी सीमाएँ और प्रसार इतने विशाल और अपार हैं कि उनको किन्हीं स्पष्ट विधाओं अथवा प्रकारों में निश्चित करना सरल नहीं है। **अयस्क** ने ज्ञान को उनकी उपयोगिता एवम् प्रयोग की दृष्टि से विभाजित किया है जिनके अनुसार ज्ञान निम्नांकित प्रकार का माना जाता है।

### 1. मौलिक ज्ञान (Basic Knowledge)

मौलिक ज्ञान किसी विषय विशेष या अनेक विषयों के सामान्य ज्ञान से सम्बन्धित होता है जिसका उपयोग एवम् प्रयोग पहले से निश्चित नहीं किया गया होता है। मौलिक ज्ञान की यह प्रवृत्ति है कि इसका सामान्यीकरण किया जा सकता है तथा सिद्धान्तबद्ध किया जाता है और इसके सैद्धान्तिक पक्षों, नियमों एवम् उपसूत्रों को निश्चित किया जाता है तथा इस ज्ञान के आधार पर ही इसके विषयों से सम्बन्धित नियमों एवम् सिद्धान्तों के आधार पर उपयुक्त व्याख्या करने या परिघटनाओं के घटित होने के कार्य एवम् कारण की व्याख्या की जाती है।

### 2. व्यावहारिक ज्ञान (Practical/Instrumental Knowledge)

ज्ञान की वह विधा जो किसी कार्य की सिद्धि में अथवा किसी प्रकार के उद्देश्य की प्राप्ति में सहायक सिद्ध हो सके उसे व्यावहारिक ज्ञान की संज्ञा

दी जाती है। इस प्रकार के ज्ञान को व्यावसायिक ज्ञान भी कहते हैं जैसे व्यापारिक ज्ञान, राजनैतिक अथवा कूटनीतिक ज्ञान तथा गृह प्रबन्ध का ज्ञान आदि। यद्यपि ज्ञान का यह विभाजन समाज के पर्याप्त विकसित हो जाने के बाद किया गया प्रतीत होता है क्योंकि मानव की प्रारम्भिक एवम् आदिकालीन अवस्था में मात्र मौखिक रूप से सम्प्रेषित करने की व्यवस्था थी।

### 3. बौद्धिक ज्ञान (Intellectual Knowledge)

मानव की संस्कृति एवम् मानवता से सम्बन्धित ज्ञान को बौद्धिक ज्ञान कहा जाता है। इस प्रकार के ज्ञान को हम किसी उद्देश्य की पूर्ति के लिए प्रयोग में नहीं ला सकते हैं। यह ज्ञान सभ्यता की उन वस्तुओं या तथ्यों का ज्ञान होता है जो भौतिक वस्तुओं से पृथक होती हैं।

### 4. आध्यात्मिक ज्ञान (Spiritual Knowledge)

यह वह ज्ञान है जिससे मनुष्य मुक्ति प्राप्त कर सकता है। इस ज्ञान के अन्तर्गत नैतिक, धार्मिक, पौराणिक एवम् ईश्वरीय ज्ञान को सम्मिलित किया जाता है।

### 5. मनोरंजनात्मक ज्ञान (Entertainmental Knowledge)

इस प्रकार का ज्ञान मात्र मानव के मनोरंजन, खेलकूल तथा क्रीड़ा-कलाप आदि के सम्बन्ध में होता है। इस प्रकार के ज्ञान से यद्यपि बौद्धिक जिज्ञासा एवम् पिपासा को सन्तुष्ट नहीं किया जा सकता है फिर भी मनोरंजन की दृष्टि से यह ज्ञान भी महत्वपूर्ण प्रतीत होता है।

### 6. अनावश्यक ज्ञान (Unwanted Knowledge)

इस प्रकार के ज्ञान का कोई विशेष मूल्य नहीं होता है और इसकी प्राप्ति के लिए विशेष अभिरुचि की आवश्यकता नहीं पड़ती है बल्कि संयोगवश किसी को इस प्रकार का ज्ञान प्राप्त हो जाता है और इसकी कोई उपादेयता भी नहीं होती है।

### 7. वैज्ञानिक ज्ञान (Scientific Knowledge)

जब अन्तर्दर्शी को सिद्धान्तों के आधार पर परिभाषित कर उसका संगठन एवम् शुद्धिकरण किया जाता है तब वह वैज्ञानिक ज्ञान कहलाता है।

ज्ञान से ही विज्ञान का प्रादुर्भाव हुआ है क्योंकि ज्ञान का व्यवस्थित अध्ययन ही विज्ञान है। वैज्ञानिक ज्ञान सुस्पष्ट सिद्धान्तों, नियमों, सूत्रों, प्रयोगों एवम् परिकल्पनाओं पर आधारित होता है तथा वर्तमान परिस्थितियों में इसका संगठित स्वरूप स्थिर रहता है अर्थात् यह अविभाजित रहता है। इसका विभाजन तथ्यों के आधार पर ही किया जा सकता है। यह विश्लेषणात्मक एवम् संश्लेषणात्मक होता है अर्थात् वैज्ञानिक ज्ञान सत्यापित एवम् व्यवस्थित ज्ञान है।

कुछ विद्वान ज्ञान का विभाजन मात्र चार प्रकार से करते हैं (1) व्यावहारिक ज्ञान, (2) बौद्धिक ज्ञान, (3) आध्यात्मिक ज्ञान, (4) परिघटनात्मक ज्ञान। इस प्रकार अनेक विद्वानों ने ज्ञान को अपने-अपने ढंग से विभाजित किया है लेकिन सभी प्रकार के विभाजन वर्तमान समय में उपयुक्त नहीं है। किसी भी वस्तु का ज्ञान प्राप्त करने अथवा उसको जानने के लिए निम्नं तथ्यों का उसमें योगदान अवश्य होता है।

1. दृष्टिकोण एवम् दूरदर्शिता (Vision)
2. तत्कालीन निर्णय - आगमन और निर्गमन की तर्क विधि ।
3. आन्तरिक प्रतिभा ।
4. मनन अथवा अनुभवों के आधार पर जानना ।
5. अलौकिक प्रतिभा की सहायता के लिए प्राकृतिक नैसर्गिक ज्ञान का होना ।

इस तरह हम कह सकते हैं कि मानव में ज्ञान-अर्जन हेतु बौद्धिकता एवम् तार्किक योग्यता, समझ, बुद्धि, भावना, निर्णय, कल्पना आदि गुणों का होना अति आवश्यक है।

## प्रश्न-4 : ज्ञानार्जन की प्रारम्भिक विधियों की संक्षेप में विवेचना कीजिए ?

ज्ञानार्जन के क्षेत्र में प्रारम्भ से लेकर आज तक अनेक विधियों से ज्ञान प्राप्त होता रहा है। प्रारम्भिक काल में आदिकालीन मानव ने जो कुछ सीखा था अथवा ज्ञान प्राप्त किया था वह एक संयोग मात्र ही रहा था उसने प्रयास करो एवम् गलती को सुधारो (Trial and error) सिद्धान्त के आधार पर ज्ञान प्राप्त

किया था। प्रारम्भ में मानव ने या तो किसी विधि का प्रयोग बिना जाने ही किया था अथवा किसी उद्देश्य की पूर्ति के लिए किया था। जिन घटनाओं का कार्य और कारण ज्ञात करने में मानव सफल नहीं रहा उसके लिए उसने अलौकिक शक्ति की संज्ञा दी तथा बिना किसी सन्देह के मानव ने उस शक्ति को स्वीकार किया जो विश्वास पीढ़ी दर पीढ़ी चलता जा रहा है। इस प्रकार हम देखते हैं कि मानव ने ज्ञान को प्रारम्भ में अनेक विधियों से प्राप्त किया था जिनमें ज्ञानार्जन की प्रारम्भिक प्रमुख विधियाँ निम्न प्रकार हैं :-

### 1. प्रभुता (Authority)

प्रारम्भिक अवस्था में ज्ञान की खोज में मानव ने किसी महान शक्ति के प्रभुत्व (Authority) को स्वीकार किया था जिसे ज्ञान प्राप्त करने के एक मार्ग के रूप में स्वीकार किया गया था। इस विधि में मानव किसी प्रभुत्व या किसी शक्ति को प्रसन्न कर या उसकी प्रभुता स्वीकार कर ज्ञान प्राप्त करता था। इस प्रथा का प्रचलन आदिकाल में अधिक था। इससे सत्य तथा अन्य बातें परम्परा के अनुसार एक पीढ़ी से दूसरी पीढ़ी तक चली आती थीं उन सभी को प्रामाणिक एवम् वास्तविक माना गया। इस प्रकार किसी प्रामाणिक तथा प्रभुतायुक्त व्यक्ति के अभिमत को भी ज्ञान प्राप्ति का साधन माना जाता था।

### 2. परम्पराएँ (Traditions)

ज्ञानार्जन की प्रक्रिया में परम्पराओं का योगदान प्राचीन सभ्यताओं से ही महत्वूपर्ण रहा है। अनेक परिस्थितियाँ जो परम्परागत रूप से चली आ रही हैं उनके आधार पर ज्ञान प्राप्त होता है और तथ्यों को बिना किसी सन्देह और विवाद के अपना लिया जाता है। अतः ज्ञानार्जन में संस्कृति और सभ्यता भी महत्वपूर्ण होती है। मानव के वस्त्र, बोलचाल के ढंग, खान-पान, पूजा-पाठ तथा आचार-विचार आदि सभी परम्पराओं पर आधारित होते हैं और इन्हीं सब के आधार पर प्राचीन ज्ञान आधारित होता है और हम अतीत के बारे में परम्पराओं के आधार पर ही जानकारी प्राप्त करते हैं।

### 3, राज्य एवम् धार्मिक संस्थाएँ (States and Religious Institutions)

मध्यकालीन युग में यह धारणा प्रचलित रही थी कि विद्वानों, ऋषियों, पादरियों और गिरिजाघरों तथा मंदिरों के अधिष्ठाताओं ने ही सत्य की खोज की

है जो शाश्वत होता है तथा उसे किसी भी प्रकार की चुनौती नहीं दी जा सकती है जिसके परिणामस्वरूप मानव ने अनेक आधारों पर इन तथ्यों को प्रामाणिक माना है जिससे अनेक प्रकार के ज्ञान की सृष्टि हुई।

### 4. विशेषज्ञों के अभिमत (Experts' Opinion)

ज्ञानार्जन की प्रक्रिया में विशेषज्ञों के अभिमतों को अत्यन्त ही महत्वपूर्ण माना गया है तथा उनके द्वारा निर्धारित तथ्यों को प्रामाणिक माना है। ज्ञानार्जन की प्रारम्भिक विधियों के साथ-साथ ही आधुनिक समय में भी विशेषज्ञों के अभिमतों को अत्यन्त महत्वपूर्ण माना जाता है।

### 5. व्यक्तिगत अनुभव (Personal Experiences)

मानव ने अपने आपको प्रत्येक समय समस्याओं से घिरा हुआ पाया है और इन समस्याओं के निदान हेतु वह प्रारम्भ से ही प्रयास करता आ रहा है। इस प्रकार अपनी समस्याओं के निदान में किए गये उसके द्वारा किए गए प्रयासों के फलस्वरूप जिन तथ्यों की जानकारी उसने प्राप्त की है वे मानव के व्यक्तिगत अनुभव के परिणाम हैं। प्रारम्भ में मानव ने अपने व्यक्तिगत अनुभवों से भी अनेक क्षेत्रों में ज्ञान प्राप्त किया है। आजकल भी व्यक्तिगत अनुभव के आधार पर अनेक प्रकार के ज्ञान की सृष्टि एवम् नवीन आविष्कार हो रहे हैं तथा अनुभव के आधार पर ही अनेक अवधारणाएँ एवम् निष्कर्ष निकाले जाते हैं।

### 6. निगमन (Induction)

ज्ञानार्जन की निगमन विधि को सर्वप्रथम **अरस्तु** ने विकसित किया था। इस विधि के आधार पर किसी भी निष्कर्ष को प्रामाणिक माना जाता है। इस विधि में हम किसी सामान्य वस्तु के आधार पर विशिष्ट वस्तु की जानकारी प्राप्त करने में सहायता प्राप्त करते हैं अथार्त् सामान्य से विशिष्ट की ओर अग्रसित होते हैं। कहने का तात्पर्य यह है कि इस विधि में हम सामान्य तथ्यों के आधार पर विशिष्ट प्रकार के निष्कर्ष निकालते हैं।

### 7. आगमन (Deduction)

एक ओर जहाँ हम निगमन के अन्तर्गत सामान्य से विशिष्ट की सत्ता सिद्ध करते हैं वहीं दूसरी ओर आगमन के अन्तर्गत ज्ञान को आगमन तर्क के

आधार पर प्राप्त करने की उस विधि का प्रयोग होता है जिसके अन्तर्गत आगमन तर्क को निगमन तर्क का पूरक माना जाता है। इस प्रक्रिया में कोई भी अन्वेषक तथ्यों को संकलित करता है तथा किसी तथ्य को निश्चित करने हेतु सामान्यीकरण करता है अर्थात् किसी विशिष्ट दृष्टान्त अथवा तथ्य का निरीक्षण करने के बाद उसका परीक्षण कर उसका सामान्य निष्कर्ष निकालता है।

**प्रश्न-5 : ज्ञान के प्रसार के कौन-कौन से साधन आजकल प्रचलित हैं ? संक्षेप में उनकी व्याख्या कीजिए ?**

मनुष्य को जो कुछ ज्ञात है उस सम्पूर्ण ज्ञान राशि को ज्ञान कहते हैं जैसे सत्य, तथ्य, सूचना, सिद्धान्त तथा अन्य प्रकार की वस्तुएँ जिनको मानव ने अर्जित किया है। इस प्रकार ज्ञान सत्य एवम् तथ्यों का भण्डार है जिसके अन्तर्गत जानने योग्य सभी वस्तुएँ और ज्ञान को अर्जित करने की सभी विधियाँ सम्मिलित होती हैं। ज्ञान को विज्ञान, सूचना, समझ, बुद्धि आदि समानार्थी शब्दों से निरूपित करते हैं।

ज्ञान को आज के युग में शक्ति और संसाधन माना जाता है इसलिए ज्ञान राष्ट्र के विकास का अति आवश्यक साधन माना गया है। जो राष्ट्र सूचना एवम् ज्ञान के क्षेत्र में समृद्ध हैं वे प्रत्येक क्षेत्र में समृद्ध एवम् शक्तिशाली हैं। ठीक इसके विपरीत जहाँ ज्ञान पर कोई ध्यान नहीं दिया जाता है वे ही अत्यन्त पिछड़े हैं।

**ज्ञान-प्रसार के साधन (Agencies for Dissemination of Knowledge)**

ज्ञान के प्रसार में अनेक साधनों का प्रमुख योगदान होता है जिनसे सूचना का प्रसारण सर्वत्र सम्भव होता है। ऐसे साधन निम्नांकित हैं -

**1. लेखक (Author)**

ज्ञान के प्रसार में मौलिक योगदान स्वयं लेखक का होता है। लेखक खोज एवम् आविष्कार करता है तथा अपने विचारों, तथ्यों एवम् सत्य से अपनी कृति के माध्यम से व्यक्तियों को अवगत कराता है तथा अपने आलेखों एवम् लेखों के माध्यम से ज्ञान का प्रसार करता है। अतः हम कह सकते हैं कि ज्ञान के प्रसार में लेखकों की विशिष्ट एवम् मूल भूमिका होती है।

**2. प्रकाशक (Publishers)**

ज्ञान के प्रसार में पुस्तक व्यवसाय में संलग्न व्यक्तियों जैसे-प्रकाशक आदि का भी महत्वूपर्ण योगदान होता है। यद्यपि प्रकाशक ज्ञान-सामग्रियों का प्रकाशन और विक्रय अपनी लाभ प्राप्ति के लिए आर्थिक दृष्टि से करते हैं तथापि ज्ञान प्रसार की दृष्टि से प्रकाशकों की भूमिका भी अपना महत्व अवश्य रखती है।

**3. शैक्षणिक संस्थाएँ (Academic Institutions)**

ज्ञान के प्रसार में शिक्षण संस्थाओं की भूमिका प्रारम्भ से ही महत्वूपर्ण रही है। शिक्षण संस्थाओं में सार्वजनिक शिक्षा के रूप में सभी श्रेणियों के लोग शिक्षा अर्जित करते हैं जिससे लोगों में ज्ञान का प्रसार होता है। हमारे देश में निम्नांकित स्तरों पर विभिन्न शैक्षणिक संस्थाएँ ज्ञान का प्रसारण करती हैं।

(अ) प्राथमिक एवम् माध्यमिक विद्यालय,

(ब) महाविद्यालय,

(द) विश्वविद्यालय तथा उनके समकक्ष संस्थाएँ ।

**4. ग्रन्थालय (Libraries)**

विभिन्न प्रकार के ग्रन्थालयों का योगदान भी ज्ञान के प्रसार में अत्यधिक होता है क्योंकि पहले ग्रन्थालयों में ज्ञान का संग्रह किया जाता है फिर उसे अध्येताओं को सुलभ कराया जाता है। ग्रन्थालयों में शैक्षणिक ग्रन्थालय, अनुसंधान ग्रन्थालय, विशिष्ट ग्रन्थालय, सार्वजनिक ग्रन्थालय, औद्योगिक एवम् व्यक्तिगत ग्रन्थालय आदि सभी ज्ञान के प्रसार में सर्वाधिक महत्वपूर्ण भूमिका अदा करते हैं।

(अ) रूस के मास्को शहर में ही लगभग 800 ग्रन्थालय हैं

(ब) ग्रेट ब्रिटेन में 556 सार्वजनिक ग्रन्थालय हैं।

(स) भारत में लगभग 40000 से अधिक ग्रन्थालय हैं।

**5. सरकारें (Governments)**

विभिन्न राष्ट्रों की केन्द्रीय, प्रदेशीय तथा स्थानीय सरकारें अपने अनेक प्रकाशन प्रकाशित करती हैं। प्राय: सभी देशों में सरकार स्वयं सबसे बड़ा प्रकाशक होता है। भारत, ग्रेटब्रिटेन, अमेरिका आदि देशों में इनकी सरकारें स्वयं

प्रकाशन का कार्य करती हैं। विश्व में संयुक्त राज्य अमेरिका की सरकार सबसे बड़ा प्रकाशक है।

**6. विद्वत् संस्थाएँ (Learned Bodies)**

ज्ञान के प्रसार में विद्वत् समितियों एवम् संस्थाओं का भी योगदान होता है ये सभी अलाभकारी संस्थाएँ होते हैं जो अपनी मौलिक पत्रिकाओं को द्वितीयक तथा तृतीयक स्रोत के रूप में प्रकाशित कर ज्ञान के प्रसार में महत्वपूर्ण भूमिका निभाते हैं। जैसे — अमेरिकन कैमीकल सोसाइटी द्वारा प्रकाशित **कैमीकल एब्स्ट्रेक्ट्स**। इस प्रकार की ऐसी अनेक विद्वत् संस्थाएँ एवम् समितियाँ आजकल कार्यरत हैं।

**7. अर्द्ध तथा गैर-सरकारी संगठन (Semi/Non Government Organisations)**

कुछ ऐसी संस्थाएँ एवम् संगठन भी होते हैं जो शासन द्वारा कानूनी प्रावधान के अधीन स्थापित किए जाते हैं तथा जो अनेक प्रकार के प्रकाशन करते हैं। उदाहरण के रूप में सीएसआईआर की 42 शोधशालाएँ जो सम्पूर्ण भारत में विस्तृत हैं वैज्ञानिक अनुसंधान में संलग्न हैं और उस अर्जित ज्ञान को अपने प्रकाशनों के माध्यम से ज्ञान का प्रसार करती हैं।

**8. मास मीडिया (Mass Media)**

ज्ञान के प्रसार में मास मीडिया का सर्वाधिक योगदान होता है। यह एक विशिष्ट प्रकार का व्यवसाय है जिसमें उच्च विकसित प्रौद्योगिकी का अनुप्रयोग किया जाता है। मास मीडिया का तात्पर्य सम्प्रेषण के उन उपकरणों रो होता है जो सूचना प्रसारण के लिए व्यापक रूप से उपयोग में लाये जाते हैं। सुदूर क्षेत्रों में निवास कर रहे लोगों को उनके विश्राम के समय सूचना प्रदान की जाती है। इस विधि को **मास मीडिया** कहते हैं इसके अन्तर्गत ओडियो, वीडियो, प्रैस, समाचार-पत्र, रेडियो प्रसारण, टेलीविजन आदि आते हैं।

**9. फिल्म (Films)**

आजकल अनेक प्रकार की चलचित्र, डाक्यूमेन्टरी, टीवी सीरियल आदि का फिल्म स्ट्रिप्स के माध्यम से ज्ञान का प्रसार किया जाता है। इसके अतिरिक्त अनेक प्रकार के ओडियो-वीडियो कैसेट्स शिक्षण तथा ज्ञान प्रसार के लिए

निर्मित किए जा रहे हैं। उदाहरण के लिए इग्नू तथा यूजीसी द्वारा शैक्षणिक कैसिट तैयार करना है।

## प्रश्न-6 : ज्ञान की वृद्धि एवम् विकास में ग्रीक दार्शनिकों ने क्या-क्या योगदान दिया है ? उसकी विवेचना संक्षेप में कीजिए ।

ज्ञान की वृद्धि एवम् विकास में ग्रीक के दार्शनिकों का महत्वूपर्ण योगदान रहा है। विश्व की प्राचीनतम सभ्यताओं में ग्रीक (यूनान) की सभ्यता प्राचीनतम तथा अत्यन्त विकसित मानी गई थी तथा यह सभ्यता अपने बौद्धिक क्रियाकलापों तथा ज्ञान-जगत के सभी विषयों के क्षेत्रों में अपने योगदान के लिए विश्वविख्यात रही है तथा जिसने ज्ञान-जगत को पर्याप्त समृद्धिशाली बनाया है। यद्यपि जिस सभ्यता, संस्कृति तथा बौद्धिक क्रिया-कलाप के लिए ग्रीक सभ्यता विश्व में विख्यात रही है आज वे उपलब्ध नहीं है तथापि तत्कालीन परम्पराओं, बौद्धिक क्रिया-कलापों तथा उस समय के विचारकों के दृष्टान्त तथा सिद्धान्त आज भी अपना महत्वूपर्ण स्थान रखते हैं। विशेषकर ग्रीक के विचारकों एवम् दार्शनिकों ने ज्ञान के भण्डार को अधिक समृद्ध बनाया है। इन विचारकों एवम् दार्शनिकों के जीवन एवम् बौद्धिक योगदान पर दृष्टिपात करने से उनकी विलक्षण प्रतिभा एवम् विद्वता का आभास होता है। ग्रीक दार्शनिकों का योगदान निम्न प्रकार है।

### 1. सुकरात् (Socrates) (469-399 ई०पू०)

ग्रीक के विचारकों एवम् दार्शनिकों में ज्ञान के विकासात्मक इतिहास में सुकरात् अत्यन्त, प्रभावशाली एवम् मौलिक दर्शन प्रदान करने वाला रहा है तथा इसके साथ ही विश्व का सर्वाधिक विवादास्पद व्यक्ति भी रहा है। सुकरात् के विचारों तथा उससे सम्बन्धित तथ्यों का प्रमाण **प्लेटो** की कृतियों से प्राप्त होता है जो सुकरात् का शिष्य तथा अनुयायी था। यद्यपि सुकरात् द्वारा लिखित कोई भी कृति नहीं है और ना ही उसके द्वारा किसी प्रकार की कोई विशिष्ट दार्शनिक विचारधारा का प्रतिपादन किया गया था। सुकरात् के विचारों से यह ज्ञात होता है कि **दर्शन स्वर्ग से प्राप्त हुआ है** जिसके अनुसार दर्शनशास्त्र का तात्पर्य Love of Wisdom (ज्ञान से प्रेम) रखना है। दर्शनशास्त्र की परिभाषा

में दर्शनशास्त्र को सत्य की खोज करना कहा गया है तथा उन्होंने कहा कि ज्ञान, वार्तालाप और विचार-विमर्श के माध्यम से अर्जित किया जाता है इसके अतिरिक्त उन्होंने ज्ञान को गुण, सुख एवम् वैभव की कुंजी भी माना था।

### 2. प्लेटो (Plato) (427-374 ई०पू०)

ग्रीक दार्शनिकों में सुकरात् का शिष्य **प्लेटो** भी एक महत्वूपर्ण स्थान रखता है जो **अरस्तु** का गुरू था। **प्लेटो** ने सुकरात् की मृत्यु के बाद ज्ञान के क्षेत्र में सबसे मौलिक एवम् प्रमुख योगदान अपने गुरू सुकरात् के उपदेशों को सुरक्षित रखकर किया था तथा स्वयं प्लेटो ने भी वार्तालाप के रूप में अनेक कृतियों की रचना की थी जिनमें उसने ज्ञान, न्याय एवम् सुन्दरता को अधिक महत्व दिया था। प्लेटो की प्रसिद्ध पुस्तक **रिपब्लिक** में उसने शासन, शासक एवम् शासन-व्यवस्था आदि के विषय में पर्याप्त सिद्धान्तों का प्रतिपादन करने के साथ-साथ अन्य पुस्तकों में विधि एवम् न्याय पर अपने विचार प्रस्तुत किए थे। प्लेटो के अनुसार ज्ञान चिर स्थायी एवम् सुनिश्चित भी है।

### 3. अरस्तु (Oristotle) (384-322 ई०पू०)

ग्रीक के दार्शनिकों में **अरस्तु** का नाम एक विचारक एवम् दार्शनिक के रूप में अत्यन्त गौरव के साथ लिया जाता है। **प्लेटो** ने अरस्तु को सार्वभौमिक ज्ञान युक्त एक महान पुरुष माना था। अरस्तु इतिहास प्रसिद्ध सम्राट सिकन्दर महान का गुरू था। अरस्तु न केवल दार्शनिक एवम् काव्य शास्त्र मर्मज्ञ था बल्कि एक वैज्ञात्रिक भी था। ज्ञान के परिप्रेक्ष्य में ज्ञान की विश्लेषणात्मक विशेषताएँ अरस्तु ने प्रतिपादित एवम् प्रस्तुत की थी। अरस्तु के अनुसार ज्ञान चिरस्थायी एवम् अपरिवर्तनीय होता है जो ज्ञानेन्द्रियों और प्रत्यक्षीकरण की सहायता से प्राप्त होता है तथा हमारे मानसिक आत्मज्ञान के आधार पर आधारित होता है जिसे हम ज्ञानेन्द्रियों के माध्यम से ही जानते हैं।

### 4. संत आगस्टीन (St. Augustine) (354-430 ई०पू०)

सन्त आगस्टीन एक महान व्यक्ति थे जिन्होंने अपनी कृति Love of God में तर्क प्रस्तुत किया था कि मानव दो समुदायों पृथ्वी एवम् स्वर्ग से सम्बन्धित होता है। दोनों समुदाय एक दूसरे से मिले होते हैं। मध्यकालीन युग लगभग एक हजार वर्षो तक रहा है फिर भी उसमें कोई राजनैतिक चेतना नहीं

जागृत हुई। इसमें राजतंत्र को शासन का सर्वोत्तम स्वरूप माना जाता था। इस युग में चर्चों एवम् राजा के मध्य इतना अधिक विवाद उत्पन्न हो गया था जो एक दूसरे के अत्यन्त कटु थे।

### 5. संत एक्यूमस (St. Acquimas) (1225–1274 ई०)

सन्त एक्यूमस की कृति में कानून एवम् नैतिक अवधारणा का विवेचन मिलता है तथा उन्होंने अपनी दूसरी कृति में राजनैतिक विज्ञान की अवधारणा व्यक्त की है तथा उन्होंने शासन के अन्तर्गत धर्म को सर्वोत्तम स्थान प्रदान किया है तथा कहा था कि सर्वोत्तम शासन वह है जो सबसे अधिक कल्याणकारी कार्य करता है। उनका यह भी मानना था कि चर्च का स्थान ऊँचा होता है एवम् राजा को स्वयं ईश्वर से अधिकार प्राप्त हैं और राजा को ईश्वर का प्रतिनिधि माना था।

### 6. दान्ते (Dante)(1265–1321 ई०)

**दान्ते** अपने समय का विशिष्ट एवम् विख्यात व्यक्ति रह चुका है जिसने अपनी कृति में एक सार्वभौमिक राजा की कल्पना की है तथा साथ ही उत्तम शासन चलाने हेतु एक उदार एवम् प्रबुद्ध राजा की आवश्यकता बताई थी। इसी बीच **दान्ते** में राष्ट्रवाद की भावना जागृत हुई और उसने राष्ट्रीय आन्दोलनों एवम् क्रान्ति करने के पथ को प्रशस्त कर दिया जिसके परिणामस्वरूप चर्चों का सुधार होने लगा और उनकी व्यवस्था में भी परिवर्तन लाया जाने लगा तथा यह भी माना जाने लगा कि **पोप** से अधिक शक्ति एवम् अधिकार **चर्च परिषद्** में निहित हैं।

इस प्रकार हम देखते है कि **अरस्तु** एवम् **प्लेटो** की भूमिकाओं के पश्चात् थोड़े से समय में ही ज्ञान का स्वरूप अनेक दशाओं एवम् रूपों में परिवर्तित होने लगा तथा ज्ञान की धारणा धीरे-धीरे राजनीति की ओर उन्मुख होती जा रही थीं। परिणामस्वरूप इस युग के विचारकों ने ज्ञान के अनेक सिद्धान्तों का प्रतिपादन करके ज्ञान के विकास में महत्वूपर्ण भूमिका अदा की थी।

## प्रश्न-7 : ज्ञान के विकास में 1850 के पश्चात् के दार्शनिकों द्वारा किए गए योगपानों की व्याख्या कीजिए ?

ज्ञान के विकास में 1850 के बाद एक नवीन युग का आरम्भ होता है। इस युग में आध्यात्मिक तथा धार्मिक सत्य तथा दार्शनिक उपलब्धियों, धारणाओं एवम् तथ्यों में पर्याप्त मात्रा में विरोधाभास उत्पन्न होने के प्रमाण उपलब्ध हैं जो वस्तुतः वैज्ञानिक अनुसंधानों एवम् क्रियाकलापों के परिणामस्वरूप उत्पन्न हुए हैं। वे धारणाएँ एवम् सामाजिक व्यवस्था आदि जो 19वीं शताब्दी के प्रारम्भ में व्याप्त थीं उनमें शताब्दी के मध्य के बाद से पर्याप्त परिवर्तन हुआ तथा अनेक परम्पराएँ लुप्त हो गई हैं। इस अवधि में सामाजिक परिस्थितियाँ एवम् परम्पराओं की अवधारणाएँ जो भौतिकवाद का प्रतिपादन करती हैं उन्हें **कार्ल मार्क्स** ने सर्वाधिक महत्वपूर्ण एवम् भौतिक बताया है। इस अवधि में निम्नांकित विचारकों एवम् दार्शनिकों ने ज्ञान के विकास में योगदान किया है।

### 1. हेनरी बर्गसन (Henri Bergson) (1859-1941)

आधुनिक दार्शनिकों में जर्मन दार्शनिक **हेनरी बर्गसन** का नाम सर्वप्रथम आता है जिसने आधुनिक चिन्तन परम्परा एवम् नवयुवकों को सबसे अधिक प्रभावित किया है। इनके दर्शन को Philosophy of Change (परिवर्तन का दर्शन) की संज्ञा दी गई है जिसके अनुसार विश्व की सभी वस्तुएँ परिवर्तनशील हैं जो इस जगत में परम्परागत रूग से एक साथ अन्तर्सम्बन्धित हैं। इन्होंने सत्य एवग् असत्य के विभेद को भी स्पष्ट करते हुए एक समय की एक अवधि की संज्ञा दी है। इसके अनुसार जीवन के सभी प्रकार का मूल सार तथा उसकी सत्ता परिवर्तनशील है।

### 2. बर्ट्रान्ड रसैल (Bertrand Russel) (1872-1972)

**रसैल** के अनुसार सभी प्रकार का ज्ञान जो उपलब्ध है वह प्रत्यक्ष एवम् अप्रत्यक्ष रूप से अनुभवों के माध्यम से ही प्राप्त होता है। इनके अनुसार ज्ञान के सिद्धान्त से सम्बन्धित जो समस्याएँ हैं वे किसी वस्तु की वास्तविक जानकारी प्राप्त करने में अथवा उन्हें समझने में कभी-कभी सन्देह उत्पन्न करने लगती हैं। इसमें अनुभव जो इनसे प्राप्त होते हैं वे अनुभवों की ओर संकेत करते हैं। दर्शन के विकास में जिन परिस्थितियों के कारण परिवर्तन उत्पन्न हुआ

है उनके आवश्यक कारकों पर रसैल ने पर्याप्त प्रकाश डाला है। उन्होंने उन तत्वों की भी व्याख्या की है जो अनेक संवेदनाओं की इकाइयों से युक्त होते हैं और इसका प्रत्येक संवेदन इन्द्रियों से उत्पन्न होता है। रसैल ने प्रयोगों का अनुसरण करने पर अधिक बल दिया है।

### 3. व्हाइटहीट (Whiteheat) (1861-1947)

आधुनिक चिन्तकों एवम् दार्शनिकों में अमेरिका के दार्शनिक व्हाइटहीट का नाम अत्यन्त अग्रणी है जिन्होंने शिक्षा दर्शन के क्षेत्र में पर्याप्त योगदान किया है। आधुनिक वैज्ञानिक खोजों के परिप्रेक्ष्य में इनका यह कहना है कि जगत न तो एक मानसिक स्थिति का परिणाम है और न भौतिक है परन्तु यह निरन्तर चिन्तशीलता से प्राप्त होने वाली प्रक्रिया है। इनके अनुसार विज्ञान, विश्व को अनेक रूपों में देखने का प्रयास करता है। जगत में कोई भी वस्तु किसी भी दूसरी वस्तु से स्वतंत्र एवम् पृथक नहीं होती है और सभी वस्तुएँ जीवित प्राणियों के अनेक अंशों एवम् भागों की भाँति होती हैं।

### 4. ग्रोस (Groce) (1866-1952)

ग्रोस इटली का एक दार्शनिक था। मानव मस्तिष्क के विभिन्न स्वरूपों के मध्य परिवर्तनीय सम्बन्धों ने ग्रोस की अभिरुचि को Metaphysical समस्याओं के समाधान की अपेक्षा अधिक प्रभावित किया। उनके अनुसार ऐसी कोई भी वस्तु नहीं है जो आत्मा की या तो प्रकृति में या विज्ञान की वास्तविकता में एक Manifestation प्रदर्शित नहीं कर सकती। उन्होंने सभी दार्शनिक विचारों को परिवर्तन के चरण के रूप में मान्य किया क्योंकि दर्शन, दर्शन का इतिहास होता है।

### 5. थामस मूर्स (Thomas Moores) (1873-1950)

थामस मूर्स ने यह निश्चित किया कि बहुत से साधारण वक्तव्य अत्यन्त प्रामाणिक तथा पूर्ण एवम् दार्शनिक सिद्धान्तों की अपेक्षा निश्चय ही प्रामाणिक सिद्ध होते हैं क्योंकि कोई दार्शनिक इसको अपनी भविष्यवाणी में सत्य सिद्ध नहीं कर सकता है कि Metaphysical कल्पना किस दिशा में ले जा सकती है। इसी प्रकार विचारधाराओं की प्रवृत्ति में और अनुभवों में किस प्रकार बुद्धि एवम् मार्ग को अपना सकते हैं यह भी निश्चित नहीं हो सकता है।

मूर्स के अनुसार किसी चीज को जानने का अभिप्राय वस्तुओं को जानने मात्र का एक अनुभव होता है क्योंकि मानसिक प्रक्रिया में वस्तु पारदर्शी अवस्था में उत्पन्न होती है। मूर्स ने सामाजिक स्थिति एवम् राजनीति की जिस धारणा का आविर्भाव किया है उसे यूटोपिया (Utopia) के नाम से जाना जाता है।

इस प्रकार हम देखते हैं कि दार्शनिक योगदान देने में कान्त के बाद पहले का कोई भी दार्शनिक इतना महत्वूपर्ण नहीं रहा । हीगल ने विचारधाराओं की ऐतिहासिक धारणा को दर्शन का प्रमुख अंग माना था। मिल्स ने अपनी कृति System of Logic में सर्वप्रथम तर्क के मौलिक सिद्धान्तों का प्रतिपादन किया था जिसमें इसने प्रायोगिक आगमन (Experimental Inductive) को पूरी तरह प्रतिपादित किया। कान्त के गणित के दर्शन का स्थान रसैल ने परिवर्तित कर दिया तथा व्हाइटहीट ने तर्कशास्त्र तथा गणित को एक नवीन विज्ञान के रूप में गणित के ज्ञान का अध्ययन करने पर बल दिया जो वर्तमान में विज्ञान की सभी शाखाओं का मूल आधार बन चुका है।

**प्रश्न–8 : ज्ञान के विकास में भारत तथा भारतीय मनीषियों के योगदान की संक्षेप में व्याख्या कीजिये ?**

ज्ञान के उद्‌भव एवम् विकारा में भारत का योगदान भी अद्वितीय रहा है। हमारे वेद, पुराण एवम् उपनिषद् हमारी भारतीय सभ्यता के प्रमुख योगदान है तथा इन्हीं पवित्र ग्रन्थों में हमारे प्राचीन भारतीय ज्ञान की धरोहर निहित है जिनमें दार्शनिक, आध्यात्मिक, सामाजिक तथा वैज्ञानिक ज्ञान का अपार भण्डार है तथा साथ ही ये ग्रन्थ ज्ञान की तरह-तरह से व्याख्या भी करते हैं। आर्यो ने शताब्दियों पूर्व जो मार्ग मानव को दिखाया था उनसे निःसन्देह आज का मानव सिद्धान्त रूप में प्रत्यक्ष तथा अप्रत्यक्ष रूप से प्रभावित होता है।

प्रारम्भिक समय में ज्ञान केवल अवलोकन के माध्यम से ही प्राप्त किया जाता था जो किसी प्रमुख व्यक्ति द्वारा किया जाता था तथा उस व्यक्ति की मृत्यु के साथ ही वह ज्ञान समाप्त हो जाता था। इस प्रकार उस ज्ञान का कोई अभिलेख नहीं होता था जो आने वाली पीढ़ी के लिए सम्प्रेषित या संग्रहीत किया जा सके। लेकिन वैदिक काल में लिपि का आविष्कार हो जाने से ज्ञान का प्रसार बड़ी तीव्र गति से होने लगा जिसके फलस्वरूप अनेक दिशाओं में ज्ञान का विकास हुआ।

ऐसा अनुमान लगाया जाता है कि प्राचीन काल की जितनी भी सभ्यताएँ रही हैं उनमें भारत इस दृष्टि से अग्रणी रहा है कि तत्व मीमांसा (Epistemology) से ज्ञान सुव्यवस्थित होने से धर्म ग्रन्थों में उल्लिखित रहा है। **उदाहरण** के लिये वेदों में ज्ञान एवम् विज्ञान की अनेक प्रकार की विधियों का उल्लेख मिलता है। **ऋग्वेद्** जो हिन्दू धर्म का सबसे प्राचीन धर्मग्रन्थ है उसमें ज्ञान को अर्जित करने हेतु अलौकिक साधनों को भी एक माध्यम माना गया है तथा प्रत्यक्ष एवम् अप्रत्यक्ष ज्ञान की शाखाओं का भी उल्लेख ऋग्वेद में किया गया है। इसके अतिरिक्त ऋग्वेद में ज्ञान के अन्य अनेक सिद्धान्त भी निहित हैं जिनसे ज्ञान के उद्भव एवम् विकास तथा सिद्धान्तों से सम्बन्धित और उनके सूत्रों के माध्यम से अनेक प्रकार की व्याख्याएँ प्राप्त होती हैं। इसके अतिरिक्त ऋग्वेद में राष्ट्रीय कानून अर्थात् **रीति** तथा नक्षत्रों से सम्बन्धित ज्ञान भी निहित था। **यजुर्वेद** में सभी 27 नक्षत्रों का कीर्तिका नक्षत्र सहित विवरण मिलता है। **अर्थववेद** में खगोलीय ज्ञान, औषधीय पौधे तथा पशुओं का ज्ञान उपलब्ध था।

400 ई॰पू॰ से 400 ई॰ तक के 800 वर्षों की अवधि में भारत में विज्ञान की कुछ शाखाएँ जैसे-चिकित्साशास्त्र अपनी चरम सीमा पर थी। **चरक** एवंम् **सुश्रत्** संहिता में भारत के ऋषि-मुनियों का चिकित्सा सम्बन्धी ज्ञान भरा पड़ा है जिसमें मानव शरीर के अवयवों एवम् उनमें होने वाली बीमारियों का निदान एवम् उपचार सम्बन्धी ज्ञान निहित है। इसी अवधि में ही सूत्रों की रचना की गई थी। इसके बाद ही बौद्ध एवम् जैन धर्मो के दर्शन का भी प्रतिपादन किग्रा गया जिन्होंने अपने ढंग से स्थान एवम् काल (Space एवम् Time) की व्याख्या की है। भारतीय आचार्य **कौटिल्य** का अर्थशास्त्र जिसमें शासन के प्रत्येक पहलू से सम्बन्धित सिद्धान्तों का प्रतिपादन किया गया है वे आज भी किसी न किसी रूप में अपना महत्व रखते हैं। इसके अतिरिक्त ज्ञान के विकास में भारत का योगदान निम्न प्रकार है :

**अणुवाद (Atomism)** — अणुओं तथा परमाणुओं का पूर्ण ज्ञान भी 400 ई॰पू॰ की अवधि में भारत में ही विकसित किया गया।

इस प्रकार 5वीं शताब्दी से लेकर 15वीं शताब्दी तक भारत की ज्ञान के क्षेत्र में देन निम्न प्रकार रही है :

1. **आर्यभट्ट (400 ई॰पू॰)** – आर्यभट्ट महान भारतीय गणितज्ञ थे जिन्होंने

गणित से सम्बन्धित अनेक वैज्ञानिक सिद्धान्तों का प्रतिपादन किया था इसके साथ ही इन्होंने पृथ्वी की गति, ग्रहों की स्थिति, दशमलव संख्या तथा वर्गमूल आदि सिद्धान्तों का भी प्रतिपादन किया था।

2. **वराहमिहिर** (Varahmihir) — वराहमिहिर ने अपनी कृति में पंच सिद्धान्तों का प्रतिपादन किया था। इन्होंने महायुग (4,320,000 वर्ष) का भी विचार दिया था। इन्होंने एक विश्वकोश **वृहत् संहिता** की रचना की जिसमें रासायनिक क्रियाएँ, पौधे एवम् जानवरों का वर्गीकरण आदि से सम्बन्धित ज्ञान प्रस्तुत किया गया है।

3. **ब्रह्मगुप्त** (Brahmagupta) — भारत में 7वीं एवम् 8वीं शताब्दी में किया गया कार्य अधिक उल्लेखनीय है जिसमें ब्रह्मगुप्त ने खगोल विज्ञान एवम् गणित विज्ञान के क्षेत्र में कार्य किया था। इन्होंने एक ग्रन्थ की रचना **ब्रह्मस्फुट सिद्धान्त** नाम से की थी।

4. **महावीर** (Mahavir) — आठवीं शताब्दी में महावीर ने अपने ग्रन्थ **गणित सार-संग्रह** में **शून्य** तथा n पदों के योग की प्रक्रियाएँ प्रस्तुत की गई थीं।

5. **श्रीधराचार्य** (Shridharacharya) — 11वीं एवम् 12वीं शताब्दी में श्रीधर ने वर्ग समीकरणों को हल करने की विधि विकसित की थी।

6. **भास्कर** (Bhaskar) — भास्कर दूसरा गणितज्ञ तथा खगोलशास्त्री माना जाता है उसका खगोलशास्त्र एवम् गणित से सम्बन्धित कार्य अत्यधिक महत्वपूर्ण था तथा जिसने खगोलशास्त्रियों एवम् गणितज्ञों को प्रभावित किया तथा उनका यह कार्य भारत का महत्वपूर्ण कार्य माना जाता है।

7. **नारायण पन्डित** (Narayana Pandit) — पंडित जी ने अंक गणित तथा बीज गणित प्रक्रियाओं का और सटीक संशोधन किया।

## प्रश्न-9 : ज्ञान के विकास एवम् वृद्धि में धर्म के योगदान की विवचेना कीजिए ?

धर्म मानव की एक अभिवृद्धि है जो मानव द्वारा अदृश्य सत्ता के प्रति पूजा-पाठ, प्रार्थना आदि के द्वारा अभिव्यक्त होती है। धर्म का अनुपालन मानव

तर्क एवम् तथ्यों के आधार पर न करके संवेग, भावनाएँ अथवा अनुभूति के आधार पर करता है। धर्म मानव-जीवन के सभी भावों को प्रभावित करता है। वैसे तो धर्म को परिभाषित करना अत्यन्त कठिन कार्य है फिर भी कुछ विद्वानों ने उसे निम्न प्रकार परिभाषित करने का प्रयास किया है।

1. धर्म वह है जिसमें अपने से परे किसी शक्ति के प्रति मानव अपनी श्रृद्धा के द्वारा अपनी संवेगात्मक आवश्यकताओं की पूर्ति करके जीवन में स्थिरता प्राप्त करता है और उस स्थिरता को वह उपासना तथा सेवा से अभिव्यक्त करता है। — जी०गैलाबे

2. धर्म मानव-जीवन के सभी पक्षों को प्रभावित करने वाली वह व्यापक अभिवृत्ति है जो सर्वाधिक मूल्यवान, पवित्र, सर्वज्ञ तथा शक्तिशाली समझे जाने वाले आदर्श तथा अलौकिक उपास्य के प्रति अखण्ड आस्था एवम् पूर्व प्रतिबद्धता के फलस्वयप उत्पन्न होती है और जो मनुष्य के दैनिक आचरण एवम् प्रार्थना आदि बाह्य कर्मकांड से अभ्यक्त होती है। — बी०पी०त्यागी

उपरोक्त परिभाषाओं से यही उचित निष्कर्ष निकलता है कि धर्म एक मनोवृत्ति है जिसमें मनुष्य अतिमानवीय शक्ति के प्रति पूर्णतः समर्पित होकर पूजा-पाठ, अर्चना, प्रार्थना आदि के द्वारा अभिव्यक्त करता है।

धर्म का इतिहास जानने पर ज्ञात होता है कि धर्म का उद्गम आदिम काल में हुआ था और तभी से धीरे-धीरे उसके विकास की प्रक्रिया चलती रही है तथा आज भी अनवरत् रूप से चल रही है। यद्यपि मानव ने आज वैज्ञानिक प्रगति करली है फिर भी वह आज भी अपने आपको एक असहाय स्थिति में पाता है। वैज्ञानिक प्रगति के उपरान्त भी मनुष्य बाढ़, भूकम्प आदि भयंकर प्राकृतिक आपदाओं को नियन्त्रित करने में समर्थ नहीं है। प्रारम्भिक आदि काल में भी धर्म का उदय प्रकृति के समक्ष मानव की असमर्थता के कारण ही हुआ था और आज भी मनुष्य असहाय स्थिति में ईश्वर से प्रार्थनाएँ करता है। धर्म के प्रति आज भी आदिकाल जैसी आस्था बनी हुई है जिसके अनेक कारण हैं। आज मनुष्य असाध्य रोगों से पीड़ित है और चिकित्सा विज्ञान के क्षेत्र में हुई असाधारण प्रगति के उपरांत भी वह अनेक बार स्वयं को रोगों से लड़ने में असमर्थ पाता है। इसके अतिरिक्त वह आज भी जीवन-मृत्यु की जटिल पहेली

को नहीं समझ पाया है इसलिए उसे मृत्यु का भय भी धर्म में आस्था रखने हेतु प्रेरित करता रहा है।

आदिकाल में मनुष्य अपनी भौतिक आवश्यकताओं की पूर्ति की इच्छा से प्रेरित होकर पूजा-पाठ करता था जो आज भी उसी रूप में मनुष्य में अधिक से अधिक उपस्थित है। इसके साथ ही मनुष्य अपनी नैसर्गिक प्रवृत्ति के कारण अपने पूर्वजों से प्राप्त मान्यताओं और परम्पराओं को बनाए रखता है। उसकी इस मनोवृत्ति के कारण भी आदिम काल की प्रचलित धार्मिक मान्यताएँ आज तक जीवित हैं।

इसके अतिरिक्त मनुष्य में धार्मिक विश्वास भी आदिकाल से ही अस्तित्व में रहता आया है क्योंकि उसे जन्म से इन मान्यताओं को स्वीकार करने और उनके अनुसार आचरण करने की शिक्षा दी जाती है जो आज तक परम्परा के रूप में निर्वाह की जा रही है। उपरोक्त सभी कारणों से धर्म की मानव जीवन में बहुत गहरे तक पैठ हो चुकी है जिसके कारण धर्म का पालन मनुष्य यंत्र की भाँति करता है और मनुष्य की इसी परम्परागत प्रवृत्ति से समाज में धर्म का अस्तित्व बना हुआ है तथा आगे भविष्य में भी इस परम्परा के चलते रहने में कोई व्यवधान दिखाई नहीं पड़ता है।

## धर्म एवम् ज्ञान का सम्बन्ध (Relation in Religion and Knowledge)

मनुष्य द्वारा धर्म सम्बन्धी निर्णय एवम् कथन संज्ञानात्मक की श्रेणी में नहीं आते हैं। धार्मिक व्यक्ति ईश्वर के विषय में जो कथन करता है उसे वह विशेष प्रकार के तथ्यात्मक कथन मानता है लेकिन उसकी यह धारणा उचित नहीं है। धार्मिक कथन अलौकिक तथा अत्यन्त प्राकृतिक विषयों तथा घटनाओं के सम्बन्ध में अभिव्यक्ति प्रकट करने वाले होते हैं

1. धर्म सम्बन्धी निर्णय न तो अनुभवात्मक होते हैं और न उनका कोई आकार ही होता हैं और न वे तथ्यपरक ही होते हैं। ये मात्र धर्म-ग्रन्थों के आधार पर ही मान्य किये जाते हैं इनके लिए अन्य कोई प्रमाण उपलब्ध नहीं है।
2. धर्म सम्बन्धी कथनों का निरीक्षण एवम् परीक्षण भी असंभव है अतः इन्हें वैज्ञानिक विधियों के द्वारा भी प्रमाणित नहीं किया जा सकता है।

3. धार्मिक ज्ञान को संज्ञानात्मक मानने वाले दार्शनिक उसे **परिचयात्मक ज्ञान** या साक्षात् ज्ञान की संज्ञा भी देते हैं लेकिन इसमें कठिनाई यह है कि इस प्रकार का ज्ञान व्यक्ति विशेष तक ही सीमित रहता है क्योंकि यह उसका अपना अनुभव होता है। इस दृष्टि से भी धर्म सम्बन्धी कथनों को संज्ञानात्मक ज्ञान की श्रेणी में नहीं रखा जा सकता है।

अन्त में निष्कर्ष रूप में यही कहा जा सकता है कि मनुष्य के ज्ञान की एक सीमा होती है और उसके लिए अलौकिक विषयों का ज्ञान प्राप्त करना असंभव होता है तथा अलौकिक विषयों का ज्ञान आस्था का विषय है उसी पर यह टिका हुआ है।

## प्रश्न-10 : ज्ञान के विकास में विज्ञान के योगदान की विवेचना कीजिए ?

जब से ज्ञान का सृजन होना प्रारम्भ हुआ है तभी से ज्ञान की अभिवृद्धि में प्रत्यक्ष एवम् अप्रत्यक्ष रूप से **विज्ञान** (Science) का योगदान प्रारम्भ से ही रहा है। सर्वप्रथम मानव ने प्रकृति के बारे में जानने का ही प्रयास किया था जिसके फलस्वरूप ही प्राकृतिक विज्ञान का जन्म हुआ था। प्राकृतिक विज्ञान जिसे सामान्य रूप से विज्ञान ही कहा जाता है में प्रकृति से सम्बन्धित अर्थात् प्राकृतिक प्रक्रियाओं का ही अध्ययन किया जाता है तथा यह प्रकृति के रहस्य खोलने की मानव की जिज्ञासाओं का ही परिणाम है। विज्ञान का वर्गीकरण इसकी विभिन्न गतिविधियों एवम् विषय क्षेत्र के आधार पर ही किया जा सकता है। ज्ञान के विकास में विज्ञान के योगदान की विवेचना करने से पहले हमें विज्ञान को समझना आवश्यक है कि **विज्ञान क्या है ?**

### विज्ञान क्या है ? (What is Science ?)

**विज्ञान** शब्द की उत्पत्ति लैटिन भाषा के शब्द **साइन्टिया** (Scientia) से हुई है जिसका अर्थ ज्ञान होता है अर्थात् विज्ञान, ज्ञान की वह शाखा है जो सत्य पर आधारित होती है। विज्ञान को परिभाषित करना एक कठिन कार्य है लेकिन फिर भी अनेक वैज्ञानिकों ने इसे परिभाषित करने का प्रयास किया है।

## परिभाषाएँ (Definitions)

1. विज्ञान ऐसा ज्ञान है जिसे आंशिक रूप से विषय तत्वों द्वारा प्रमुखतया उन विधियों द्वारा परिभाषित किया जाता है जिनके द्वारा इनके तथ्य उस सीमा तक पहुँच जाते हैं जहाँ इसके निष्कर्षो को प्रयोगों के माध्यम से परीक्षण किया जा सकता है। **— धर्म का विश्वकोश**

2. विज्ञान प्राकृतिक प्रक्रियाओं का सुव्यवस्थित ज्ञान एवम् इन प्रक्रियाओं को प्रदर्शित करने वाली अवधारणाओं के सम्बन्धों का यथायोग्य अध्ययन है। **— जे.डी बरनाल**

उपरोक्त परिभाषाओं के आधार हम निष्कर्ष रूप में कह सकते हैं कि विज्ञान अध्ययन की वह शाखा है जो निरीक्षण, प्रयोगों तथा निष्कर्षो पर आधारित होती है।

## ज्ञान के विकास में विज्ञान का योगदान (Contribution of Science)

सर्वप्रथम विज्ञान एक सुव्यवस्थित विचार के रूप में 600 ई॰पू॰ में यूनानी विचारकों के आयोनिक (Ionic) स्कूल से प्रारम्भ हुआ था। यूनानी विचारकों ने निरीक्षणों के साथ-साथ सिद्धान्तों पर भी ध्यान दिया था लेकिन वास्तविक अर्थ में विज्ञान का प्रारम्भ कई शताब्दियों बाद 15वीं शताब्दी में हुआ माना जाता है। इसके बाद का विकास निम्न प्रकार रहा है।

## वैज्ञानिक क्रान्ति (Scientific Revolution)

विज्ञान के क्षेत्र में 16वीं शताब्दी के अन्तिम दशकों में वस्तुत: वैज्ञानिक दृष्टि से एक क्रान्ति सी आ गई जिसने प्राचीनतम खगोल विद्या के प्रमाणों एवम् सिद्धान्तों को बिल्कुल उलट दिया तथा अप्रमाणिक सिद्ध कर दिया और एक ऐसा युग आया जिसमें प्राचीन विचारधाराएँ जो ग्रहों, उपग्रहों, पृथ्वी एवम् सूर्य की स्थिति से सम्बन्धित थीं को नवीन विचारधाराओं ने बिल्कुल असत्य सिद्ध कर दिया जिससे पाश्चात्य जगत् में विवाद की स्थिति उत्पन्न हो गई। इस अवधि में कुछ खोजें अत्यधिक महत्वूपर्ण रही हैं जिनमें गैलीलियो (1564-1642), फ्रान्सिस बेकन (1561-1626) तथा डिस्कोर्टेस (1596-1650) के योगदान प्रमुख थे। खगोल विद्या के क्षेत्र में न्यूटन (1642-1727) द्वारा प्रतिपादित गति के नियम, गुरूत्वाकर्षण का सिद्धान्त आदि ने भी एक क्रान्तिकारी विकास

किया। 17वीं शताब्दी में अनेक प्रकार के वैज्ञानिक उपकरणों के विकास तथा उनका निर्माण चिर-स्मरणीय रहा है जिनमें टेलिस्कोप, माइक्रोस्कोप, थर्मामीटर, बेरोमीटर आदि का आविष्कार अत्यन्त महत्वपूर्ण रहा।

## 18वीं एवम् 19वीं शताब्दी में विज्ञान (Science in 18th and 19th centuries)

18वीं शताब्दी की अवधि में विज्ञान के क्षेत्र में अनेक विकास हुए हैं। इसीलिए इस शताब्दी को ज्ञान के उदय का काल कहा जाता है क्योंकि इस युग में प्रत्येक विश्वास, आस्था एवम् धारणा को तर्क, बौद्धिकता तथा वैज्ञानिकता के सन्दर्भ में देखा जाना प्रारम्भ हुआ था। 18वीं शताब्दी के वैज्ञानिकों में **डाल्टन** तथा अन्य अनेक वैज्ञानिक हुए। इसी शताब्दी में नवीन पदार्थ जैसे क्लोरीन, आक्सीजन, हाइड्रोजन तथा कार्बनडाईआक्साइड की खोज की गई थी। न्यूटन के गति के नियमों तथा गुरूत्वाकर्षण के सिद्धान्त ने आगे के लिए मूल आधार का कार्य किया। **कान्त** ने 1780 में **न्यूटन** के विज्ञान पर यह कहकर आपत्ति की कि पदार्थ का कोई अस्तित्व नहीं होता है। विज्ञान की ऐसी अन्य कोई शाखा भौतिकी के अतिरिक्त नहीं है जिसने हमारे दैनिक जीवन को विकसित एवम् प्रभावित किया है। **एम्पीयर** (1775–1836) ने विद्युत को मापने योग्य तत्व बना दिया। इनके साथ ही विद्युत के मापन में जिसने सहयोग दिया उनमें **अलेक्जेन्डर वोल्टा** (1765–1807) तथा **जार्ज ओहम्** (1787–1854) थे इसके बाद **माइकल फैराडे** (1791–1867) ने भी इस पर कार्य किया।

## 20वीं शताब्दी (20th Century)

20वीं शताब्दी के प्रारम्भ में **आइन्स्टीन** (1879–1955) जो एक युवा वैज्ञानिक था तथा जो न्यूटन के बाद पहला व्यक्ति था जिसका विज्ञान-जगत् पर अत्यधिक एवम् स्थायी प्रभाव पड़ा। आइन्स्टीन के Theory of Relativity तथा Quantum Theory के कारण ही न्यूक्लियर ऊर्जा एक नवीन स्रोत के रूप में प्राप्त हो सकी थी। विश्व युद्ध में एटम बम का प्रयोग आइन्स्टीन की खोजों के कारण ही सम्भव हो सका था।

**प्रश्न-11 : ऐसे विषयों का संक्षिप्त विवरण दीजिये जो ज्ञान के अध्ययन क्षेत्र माने जाते हैं एवम् उन विषयों के अन्तर-सम्बन्ध का परीक्षण भी कीजिए ?**

ग्रन्थालय एवम् सूचना विज्ञान विषय का ज्ञान के अध्ययन से सम्बन्ध सभी को ज्ञात है पर यह ही एक ऐसा विषय नहीं है जिसमें ज्ञान का अध्ययन किया जाता है। इसके अतिरिक्त अन्य विषय भी हैं जो ज्ञान के अध्ययन से सम्बन्धित हैं और किसी न किसी रूप में ज्ञान का अध्ययन करते हैं। वे अध्ययन क्षेत्र निम्न हैं -

1. तर्कशास्त्र (Logic)

तर्कशास्त्र तर्क का विज्ञान है। तर्क से ही ज्ञान की उत्पत्ति होती है। तर्क के बिना वैज्ञानिक अनुसंधान सम्भव नहीं है जिससे वैज्ञानिक ज्ञान की प्राप्ति होती है। तर्कशास्त्र में मुख्यतः आगनात्मक (Inductive) तथा निगमनात्मक (Deductive) दो प्रकार के तर्क प्रयोग किये जाते हैं। प्रथम तर्क ज्ञान की अव्यवस्थित दशा को व्यवस्थित दशा प्रदान करता है जिससे व्यापक सिद्धान्त निर्मित होते हैं तथा द्वितीय तर्क व्यापक सिद्धान्तों को संगठित एवम् विस्तारित करके विशिष्ट समस्याओं में उपयोग करने की प्रक्रिया है। इसलिए आगनात्मक तर्क ज्ञान की खोज करता है तथा निगमनात्मक तर्क व्याख्याता का कार्य करता है।

2. **ज्ञान-मीमांसा (Epistemology)**

ज्ञान-मीमांसा में ज्ञान की प्रकृति, स्रोत, दशा, विस्तार तथा इसकी प्रामाणिकता का अध्ययन किया जाता है इसलिए ज्ञान की खोज तथा उसकी प्रकृति को समझने में ज्ञान-मीमांसा का अत्यधिक योगदान है जो ज्ञान का अध्ययन व्यक्तिगत विचारों के परिप्रेक्ष्य में करता है। जब यह अध्ययन समाज से सम्बन्धित होता है तो इस तरह से उत्पन्न ज्ञान को सामाजिक ज्ञान-मीमांसा की देन मानते हैं।

3. **तत्व मीमांसा (Metaphysics)**

तत्व मीमांसा में ज्ञान के अस्तित्व की मौलिक प्रकृति का अध्ययन किया जाता है जिसमें ज्ञान के अस्तित्व तथा उसकी अभिव्यक्ति के अध्ययन

के साथ-साथ ज्ञान के समस्त पहलुओं की खोज की जाती है। ज्ञान-मीमांसा का मुख्य ध्येय सच्चाई की खोज करना होता है।

**4. दर्शनशास्त्र (Philosophy)**

दर्शनशास्त्र में दार्शनिक अध्ययन किया जाता है जिसका मुख्य आधार विश्वास न होकर चिन्तन होता है। दर्शनशास्त्र में किसी भी अवधारणा का परीक्षण किया जाता है उसे परिभाषित किया जाता है तथा उसकी प्रामाणिकता की जाँच की जाती है इसके बाद इस असंगठित ज्ञान को संगठित करके संचारण योग्य अवस्था में लाया जाता है। इस प्रकार हम देखते हैं कि दर्शनशास्त्र का ज्ञान के अध्ययन से स्वाभाविक सम्बन्ध है।

**5. मनोविज्ञान (Psychology)**

मनोविज्ञान ज्ञान के आत्मगत पहलुओं एवम् उसके अस्तित्व के जानने एवम् समझने की प्रक्रियाओं के व्यक्तिगत अवलोकन का परीक्षण करता है। मनोविज्ञान मनुष्य के मन का विज्ञान होने के कारण मनुष्य के विवेक एवम् आचरण का अध्ययन करता है तथा मनुष्य में वह क्या वस्तु विद्यमान है जो उसे ज्ञान के सृजन हेतु प्रोत्साहित करती है इस प्रश्न का विश्लेषण एवम् परीक्षण करता है। मनुष्य के मन में जो विचार आते हैं वे ज्ञान की इकाई होते हैं जो मनुष्य में निरन्तर बनती रहती हैं जिससे ज्ञान-वर्धन होता रहता है।

**6. शिक्षा (Education)**

शिक्षा उन सभी प्रक्रियाओं से सम्बन्धित होती है जो मनुष्य में निहित अन्तर्शक्ति को उभारती है तथा उसे प्रबल बनाती है। समाज में रहकर मनुष्य निरन्तर ज्ञान प्राप्त करता रहता है तथा ज्ञान प्राप्त करके निपुण बनता है तथा ज्ञान के सृजन में भी भागीदार बनता है। इस प्रकार शिक्षा भी ज्ञान के अध्ययन क्षेत्र में आती है।

**7. समाज शास्त्र (Sociology)**

समाज शास्त्र में मनुष्य की सामाजिक गतिविधियों का वैज्ञानिक ढंग से अध्ययन किया जाता है जिसमें आर्थिक, राजनैतिक, धार्मिक, वैज्ञानिक, व्यापारिक आदि सभी गतिविधियाँ-समाहित हैं क्योंकि मानव इन सभी से जुड़ा हुआ है। इस प्रकार यदि देखा जाये तो यह ज्ञात होता है कि समाज शास्त्र का क्षेत्र इतना विस्तृत है कि इसमें ज्ञान के प्रत्येक क्षेत्र का प्रभाव है। इस प्रकार

समाज शास्त्र में ज्ञान के अध्ययन का अप्रत्यक्ष रूप से व्यापक समावेश है।

8. भाषा विज्ञान ( Lanuistics )

भाषा विज्ञान में भाषाओं के विभिन्न पहलुओं का अध्ययन किया जाता है। हम जानते हैं कि भाषा एवम् ज्ञान का अटूट सम्बन्ध होता है। विचारों के सम्प्रेषण अथवा अभिलेखन के लिए भाषा ही मुख्य माध्यम रही है जो विचारों को एक सांकेतिक रूप प्रदान करती है जिससे ज्ञान के आदान-प्रदान के साथ-साथ ज्ञान को समझने में भी अति सुगमता होती है। इस प्रकार भाषा विज्ञान का ज्ञान से प्रगाढ़ सम्बन्ध है।

9. ग्रन्थालय एवम् सूचना विज्ञान (Library and Information Science)

ग्रन्थालय एवम् सूचना विज्ञान ग्रन्थों में निहित ज्ञान को पाठकों को उपलब्ध कराने से सम्बन्धित विषय है जिस हेतु ग्रन्थालयी अथवा सूचना वैज्ञानिक को विविध प्रकार के उपकरणों एवम् तकनीकियों का उपयोग करना पड़ता है जिससे इन उपकरणों एवम् तकनीकियों के आविष्कार एवम् उपयोग हेतु आवश्यक ज्ञान की संरचना, विकास एवम् विशेषताओं का बोध होना अति आवश्यक है। इस प्रकार ग्रन्थालय एवम् सूचना विज्ञान विषय ज्ञान के अध्ययन से पूर्ण रूप से सम्बन्धित है।

उपर्युक्त विवेचन से यह स्पष्ट है कि तर्कशास्त्र, ज्ञान-मीमांसा, तत्व-मीमांसा, मनोविज्ञान, दर्शनशास्त्र ज्ञान के पूर्ण स्वरूप का अध्ययन करते हैं तथा अन्य विषय जैसे — शिक्षा, समाजशास्त्र भाषाविज्ञान एवम् ग्रन्थालय एवम् सूचना विज्ञान ज्ञान के अध्ययन से अप्रत्यक्ष रूप से सम्बन्धित हैं। इन विषयों की श्रृंखला में और भी कुछ विषय जैसे-कृषि विज्ञान, अन्तरिक्ष विज्ञान, पर्यावरण विज्ञान आदि भी हो सकते हैं।

## प्रश्न-12 : ज्ञान-जगत् एवम् विषय-जगत् को समझाइये तथा दोनों में क्या अन्तर है ? समझाइये ?

मानव एक जिज्ञासु प्राणी है अर्थात् उसे अज्ञात तथ्यों को जानने की अथवा पता लगाने की जिज्ञासा प्रारम्भ से ही रही है। सर्वप्रथम उसने प्रकृति की विभिन्न घटनाओं के घटने का कारण जानने एवम् समझने का प्रयास किया तत्पश्चात् अपने बारे में समझने का प्रयास किया। सबसे अन्त में सामाजिक

घटनाओं को समझने का प्रयास किया। चूँकि सर्वप्रथम मानव प्रकृति के सम्पर्क में आया इसलिए उसने प्रकृति के बारे में सबसे पहले ज्ञान प्राप्त किया जिससे **प्राकृतिक विज्ञान** की उत्पत्ति हुई। इसके बाद मानव ने स्वयं के बारे में तत्पश्चात् समाज के बारे में सोचना समझना प्रारम्भ किया जिसके फलस्वरूप **मानविकी** तथा **समाज विज्ञान** विषयों की उत्पत्ति हुई।

## ज्ञान-जगत (Universe of Knowledge)

प्राकृतिक विज्ञान, मानविकी तथा सामाजिक विज्ञान, तीनों क्षेत्रों का संकलित एवम् सामूहिक ज्ञान ही **ज्ञान-जगत्** कहलाता है। यह सर्वविदित तथ्य है कि ज्ञान की सृष्टि अनन्त तक निरन्तर चलती रहती है। नवीन विचार एवम् उनके सम्मिश्रण से समय-समय पर नवीन ज्ञान उत्पन्न होता है तथा मानव अपनी भौतिक आवश्यकताओं की पूर्ति हेतु मौलिक एवम् व्यावहारिक अनुसंधान कर नवीन ज्ञान की सृष्टि करता रहता है जिससे **ज्ञान-जगत** की वृद्धि होती रहती है।

## विषय-जगत (Universe of Subjects)

अनेक विषयों के निर्माण से विषय-जगत की वृद्धि होती है। कोई भी विषय विचारों का एक संगठित निकाय होता है। समस्त व्यवस्थित विचारों के निकायों का योग विषयों की सृष्टि या निर्माण करते हैं विषयों की सृष्टि भी सदैव गतिशील एवम् सम्बर्द्धनशील होती है। नवीन विचारों एवम् विद्यमान विचारों के सम्मिश्रण से समय-समय पर नवीन विषय प्रकट होते हैं जिनसे विषय-जगत का निर्माण होता है।

## ज्ञान-जगत एवम् विषय-जगत्

उपरोक्त तीनों क्षेत्रों का संकलित एवम् सामूहिक ज्ञान ही ज्ञान-जगत (Universe of Knowledge) कहलाता है। ज्ञान-जगत में भूत, वर्तमान तथा भविष्य तीनों कालों का ज्ञान समाहित होता है तथा इसमें ज्ञात एवम् अज्ञात दोनों ही तथ्य समाहित हैं अर्थात् भविष्य में ज्ञात होने वाले तथ्य भी ज्ञान-जगत में सम्मिलित रहते हैं।

ज्ञान-जगत एवम् विषय-जगत को सामान्य रूप से एक दूसरे का पर्यायवाची समझा जाता है परन्तु यदि गम्भीरता से अध्ययन किया जाये तो इनमें

आपसे में कुछ भेद भी है। ज्ञान-जगत चूँकि अनन्त है इसलिए इसे समझने एवम् समझाने का कोई अन्त नहीं है इसके विपरीत विषय-जगत को समझकर एवम् आवश्यकता पढ़ने पर मनुष्य स्वयं एक नवीन विषय निर्मित कर सकता है तथा भविष्य में अनुसंधान हेतु भावी पीढ़ियों पर छोड़ देता है। दोनों में अन्तर निम्न प्रकार है।

| अन्तर का आधार | ज्ञान-जगत | विषय-जगत |
|---|---|---|
| 1. क्षेत्र | ज्ञान-जगत का क्षेत्र अत्यन्त व्यापक होता है इसलिए अत्यन्त विशाल है। इसमें असीमित ज्ञान अव्यवस्थित रूप में उपलब्ध होता है। | विषय-जगत का क्षेत्र विषयों तक ही सीमित होता है इसमें विषय साहित्य व्यवस्थित एवम् संगठित रूप में उपलब्ध रहता है। |
| 2. निर्माण | ज्ञान-जगत मानव के अनुभवों से निर्मित होता है और वृद्धि करता है। | विषय-जगत का निर्माण ज्ञान-जगत से होता है। जब तक ज्ञान की अनुभूति नहीं होती तब तक विचारों को संगठित नहीं किया जा सकता और जब तक विचार संगठित एवम् सुव्यवस्थित नहीं होते तब तक कोई विषय निर्मित नहीं होता है। |
| 3. निश्चितता | ज्ञान-जगत को समझने की कोई निश्चितता नहीं होती है। | विषय-जगत में एक विषय विशेष को समझने की निश्चितता रहती है। |
| 4. अनन्तता | ज्ञान-जगत अनन्त होता है। | विषय-जगत भी अनन्त होता है। |
| 5. बहुआयामी | ज्ञान-जगत बहुआयामी होता है जिसे किसी भी आयाम में परिवर्तित किया जा सकता है तथा एक नवीन रूप में प्रस्तुत होता है। | विषय-जगत में विषय स्वयं बहुआयामी होते हैं क्योंकि एक विषय दूसरे विषय के साथ जुड़ने पर उस विषय तक ही सीमित रह जाता है। जैसे Biology + Physics = Biophysics दो विषय मिलकर मात्र एक ही विषय में सीमित हो गये हैं। |
| 6. निरन्तरता | ज्ञान-जगत निरन्तर सम्बर्द्धनशील होता है अर्थात् ज्ञान की वृद्धि निरन्तर होती रहती है। | विषय-जगत भी निरन्तर सम्बर्द्धनशील होता है। |

## प्रश्न-13 : विषय-जगत की विशेषताओं की विवेचना कीजिए ?

**विषय-जगत्** दो शब्दों **विषय** तथा **जगत्** से मिलकर बना है जहाँ विषय विचारों का एक संगठित या व्यवस्थित निकाय है तथा जगत् समस्त व्यवस्थित विचारों के निकायों के योग से विषयों की सृष्टि को कहते हैं। नवीन विचारों के सम्मिश्रण से समय-समय पर नवीन विषयों की सृष्टि होती रहती है जो निरन्तर गतिशील एवम् सर्वद्धनशील होती है। नवीन विषयों की सृष्टि को विषय-जगत् की संज्ञा दी जाती है। विषय-जगत् का क्षेत्र विषयों तक सीमित होता है तथा इसकी उत्पत्ति ज्ञान-जगत् से होती हैं। जब तक ज्ञान की अनुभूति नहीं होती तब तक विचारों को संगठित नहीं किया जा सकता है और जब तक विचार संगठित एवम् सुव्यवस्थित नहीं होते तब तक कोई भी विषय निर्मित नहीं हो सकता है।

### विषय-जगत की विशेषताएँ (Attributes of Universe of Subjects)

विषय-जगत की विशेषताएँ निम्न प्रकार हैं जहाँ विशेषता से तात्पर्य किसी वस्तु का गुण अथवा गुणात्मक विश्लेषण से होता है।

#### 1. विप्लवकारी गतिशील (Turbulently Dynamic)

विषय-जगत् में तीव्र गति से वृद्धि हो रही है। यह महा विप्लवकारी सम्बर्द्धनशील एवम् गतिशील है। निम्न तालिका से यह सिद्ध हो रहा है कि विषय-जगत विप्लवकारी है -

| मुख्य विषय | नवीन विचारों की संख्या | | |
|---|---|---|---|
| | 1400-1700 | 1700-1900 | 1901-1950 |
| गणित | 9 | 24 | 21 |
| भौतिकी | 3 | 21 | 68 |
| इंजीनियरिंग | 1 | 23 | 46 |
| रसायन शास्त्र | – | 89 | 80 |

उपर्युक्त तालिका को देखने से स्पष्ट हो रहा है कि ज्यों-ज्यों समय व्यतीत हो रहा है नवीन विचारों के अवतरण की गति भी तीव्र होती जा रही है। 20वीं शताब्दी के अन्त तक सामाजिक दबाब के कारण भी विषयों की

सृष्टि का विस्तार हो रहा है एवम् गहनता में वृद्धि हो रही है।

**2. अनन्त (Infinite)**

विषय-जगत् में भूत, वर्तमान एवम् भविष्य का समस्त ज्ञान समाहित होता है अर्थात् ज्ञात और अज्ञात समस्त ज्ञान समाहित है अतः यह एक अनंत सृष्टि है। भूतकाल में ज्ञान के चक्र की गति मन्द थी जो वर्तमान में अत्यन्त तीव्र हो चुकी है जिससे विषयों की सृष्टि एक अनंत शृंखला बन चुकी है जिसका दूसरा छोर ज्ञात नहीं है। एक के बाद विषयों की एक कड़ी विषयों की इस शृंखला में जुड़ती रहती है। जैसे-जैसे हम गहराई में जाते हैं इसका विस्तारण कम होता चला जाता है। इसका तात्पर्य यह है कि विषय-जगत अनंत है।

**3. निरन्तरता (Continuation)**

भूतकाल में विषयों की सृष्टि लम्बी अवधि तक अधिकांश रूप से स्थिर ही रहती थी परन्तु वर्तमान में व्यवस्थित रिले अनुसंधान के द्वारा सतत् रूप से नवीन सूक्ष्म विषयों का निर्माण हो रहा है। अब विषय-जगत के वे क्षेत्र जिनमें कोई खोज नहीं हो पायी है वे अनुसंधान के द्वारा ही भरे जाते हैं। इसके द्वारा विषयों की सृष्टि सतत् रूप से निरन्तर हो रही है।

**4. अनेक रूपों में बहुआयामी (Manifold Multidimensional)**

विषय-जगत् की यह प्रमुख विशेषता है कि वह अनेक रूपी एवम् बहु आयामी है। इसका अर्थ है ज्ञान का विकास बहुआयामी अर्थात् कई दिशाओं में होता है। ग्रन्थालयी को उसे एक दिशा में रखना पड़ता है जिससे उसके समक्ष सर्वाधिक प्रमुख समस्या यह होती है कि उसे किसके निकटतम पड़ौस में रखा जाये? रंगानाथन् ने इस समस्या का निदान अपने पक्ष सूत्र (Generalized Facet Formula) के द्वारा किया है।

नीचे विभिन्न आयामी विषयों के उदाहरण दृष्टव्य हैं :-

एक आयामी : शैक्षणिक ग्रन्थालय

द्वि आयामी : शैक्षणिक ग्रन्थालयों में वर्गीकरण

त्रि आयामी : शैक्षणिक ग्रन्थालयों में पत्रिकाओं का वर्गीकरण

चतुर्थ आयामी : भारतीय शैक्षणिक ग्रन्थालयों में पत्रिकाओं का वर्गीकरण

पंच आयामी : भारतीय शैक्षणिक ग्रन्थालयों में 20वीं शताब्दी में पत्रिकाओं का वर्गीकरण

## 5. सुसंगति (Coherence)

विषय-जगत् एक प्रणाली होता है तथा प्रणाली में अनेक घटक होते हैं जिनमें आपस में सम्बन्ध होता है जो तत्व से एक जुट रहता है तथा सुसंगति प्रदर्शित करता है। इस प्रणाली के सभी घटक परस्पर इस प्रकार जुड़े रहते हैं कि किसी एक विशेष घटक में परिवर्तन होने पर भी सभी घटकों में कुछ न कुछ परिवर्तन आ जाता है जिसके फलस्वरूप समस्त विषयों की सृष्टि प्रभावित होती है। **उदाहरण** — मान लो किसी मूल विषय **मनोविज्ञान** का घटक **स्त्री** है। यदि इस मूल विषय मनोविज्ञान को परिवर्तित कर **शिक्षा** कर दिया जाय तो विषय में आमूलचूल परिवर्तन अर्थात् **स्त्री मनोविज्ञान** के स्थान पर **स्त्री शिक्षा** हो जाता है।

## 6. स्वतंत्रता (Freeness)

यदि विषय-जगत् के किसी भाग का परिवर्तन उसी भाग को प्रभावित करता है तो वह स्वतंत्रता कहलाती है। आजकल निरन्तर अनुसंधान के फलस्वरूप कुछ विषय समूह बन रहे हैं जो कई विषयों से मिलकर बनते हैं। जैसे — **समुद्र विज्ञान** अथवा **अन्तरिक्ष विज्ञान।** समुद्र विज्ञान में शैल विज्ञान (Petrology), समुद्र रसायन (Ocean Chemistry), समुद्र इन्जीनियरिंग, समुद्र जीव विज्ञान आदि। यदि शैल वैज्ञानिकों द्वारा समुद्र की चट्टानों में कुछ नवीन परिवर्तन दृष्टिगोचर होता है तो उसका समुद्र रसायन अथवा समुद्र जीव विज्ञान पर कोई तात्कालिक प्रभाव नहीं पड़ता है। इस प्रकार के परिवर्तन को स्वतंत्रता का नाम दिया जाता है।

## 7. प्रगतिशील व्यवस्थापन (Progressive Systematization)

विषय-जगत् में जब दो विषय मिलकर एक नवीन विषय का निर्माण करते हैं तब इस प्रक्रिया में परिवर्तन सुसंगति की ओर बढ़ता है। जैसे - **जीव विज्ञान** और **रसायन शास्त्र** के सम्मिश्रण से एक नवीन विषय **जीव रसायन** का प्रादुर्भाव हुआ है जो अब एक स्वतंत्र विषय बन चुका है। इसी प्रकार जैव भौतिक (Biophysics), खगोल भौतिकी (Astrophysics), भू राजनीति (Geopolitics) आदि के नाम लिये जा सकते हैं।

**8. संगामी पृथक्करण एवम् व्यवस्थापन** (Concurrent Segretion and Systematization)

इस विशेषता में पृथक्करण एवम् व्यवस्थापन दोनों का संयोग है। सर्वप्रथम पृथक्करण होता है तत्पश्चात् व्यवस्थापन के माध्यम से एक नवीन विषय का निर्माण होता है। जैसे **सम्मेलन तकनीक** अथवा **प्रबन्ध तकनीक** नवीन विषयों के रूप में हमारे समक्ष आते हैं। सम्मेलन तकनीक नामक एकल की आवश्यकता प्रत्येक वर्ग में होती है अतः यह सुसंगति की ओर प्रवृत्त है। परन्तु इसके साथ-साथ यह पृथक्करण का भी प्रमाण है क्योंकि समस्त विषयों की सम्मेलन तकनीक को पृथक करके एक स्थान पर एकत्रित कर दिया गया है।

## प्रश्न-14 : विषय-जगत का अध्ययन करना ग्रन्थालयी अथवा ग्रन्थालय कर्मचारियों को करना क्यों आवश्यक है ? समझाइये ।

ग्रन्थालयों में उपयोक्ताओं के उपयोग हेतु विभिन्न प्रकार की अध्ययन सामग्री एकत्रित की जाती है जो अनेक विषयों से सम्बन्धित होती है। आज अनुसंधानों के परिणामस्वरूप विषयों का क्षेत्र अत्यधिक गहन होता जा रहा है। कहने का तात्पर्य यह है कि विषय-जगत् बहुआयामी है जो अनेक दिशाओं में विस्तृत हो रहा है। इस बहुआयामी विषय-जगत् से सम्बन्धित अध्ययन सामग्री को उसके उपयोक्ता तक पहुँचाना प्रत्येक ग्रन्थालयी का प्रमुख कार्य एवम् उद्देश्य होता है। इसलिए डॉ० रंगानाथन के सहयोगी **प्रो. नीलमेघम** ने यह स्पष्ट किया कि **विषय-जगत् का अध्ययन** करना प्रत्येक ग्रन्थालयी के लिए **निम्न कारणों** से अत्यन्त आवश्यक है।

**1. अध्ययन सामग्री की अवाप्ति हेतु** (For acquisition)

ग्रन्थालयों में संतुलित अध्ययन सामग्री के संग्रह के लिए ग्रन्थालयी में संतुलित निर्णय क्षमता, ग्रन्थ क्रय पद्धति, ग्रन्थालय कार्य प्रणाली से सम्बन्धित नीतियों का निर्धारण करने एवम् ग्रन्थालय के पाठकों की रुचियों का भी ध्यान रखने की योग्यता का होना भी आवश्यक होता है। इस महत्वपूर्ण भूमिका का निर्वाह करते समय उसे विभिन्न विषयों की संरचना, उनके विकास तथा प्रचुर

मात्रा में उनकी उत्पत्ति का भी ज्ञान होना आवश्यक है। विषय-जगत् की प्रवृत्ति और उपयोक्ता की माँग सदैव एक साथ गतिशील होते हैं अतः विषय के विकास का बोध उपयोक्ताओं की माँग की जानकारी प्राप्त करने में सहायक होता है। इसलिए यह आवश्यक है कि ग्रन्थालयी को विषय-जगत् के विभिन्न विषयों उनकी विभिन्न शाखाओं, उप-शाखाओं तथा उनसे सम्बन्धित अन्य विषयों का ज्ञान होना आवश्यक है तभी वह ग्रन्थालय हेतु उपयोगी ग्रन्थ संग्रह करने में सफल हो सकेगा।

## 2. ग्रन्थों के वर्गीकरण हेतु (For classification)

ग्रन्थों के वर्गीकरण कार्य में वर्गाचार्य तथा वर्गीकार दो व्यक्तियों की महत्वपूर्ण भूमिका होती है। वर्गाचार्य विषयों के वर्गीकरण हेतु वर्गीकरण पद्धति का निर्माण करता है। आजकल अनुसंधान के परिणामस्वरूप विषय-जगत् के अनेक क्षेत्रों में असीमित वृद्धि हुई है और नवीन विषयों का निर्माण हो रहा है इसलिए वर्गाचार्य को विषय-जगत् में होने वाले सम्भावित परिवर्तनों एवम् विकास का ज्ञान होना आवश्यक है जिससे वह इसी के अनुरूप वर्गीकरण पद्धति की रचना कर सके जो विषय-जगत् में होने वाले परिवर्तनों को वर्गीकरण पद्धति की संरचना में बिना किसी अधिक व्यवधान के यथास्थान समाहित करने में सक्षम हो सके।

वर्गीकार वह व्यक्ति होता है जो वर्गाचार्य द्वारा प्रणीत वर्गीकरण पद्धति के द्वारा ग्रन्थालय की अध्ययन-सामग्री का वर्गीकरण करता है। इसलिए उसे विषय-जगत का गूढ़ एवम् सम्पूर्ण ज्ञान होना आवश्यक है। विषयों में निरन्तर एवम् अपरिमित एवम् गतिशील विकास  वर्गीकार के लिए अनेक समस्याएँ उत्पन्न करता है। जब तक वर्गीकार को किसी विषय विशेष के निर्माण की विधि की जानकारी नहीं होगी तब तक वह उस विषय को अन्य वर्गो के मध्य सहायक क्रम में व्यवस्थित नहीं कर पायेगा ।

## 3. ग्रन्थों के सूचीकरण हेतु (For cataloguing)

सूचीकार को भी विषयों की संरचना और उनके विकास की जानकारी होना अत्यन्त आवश्यक है। जो ग्रन्थालय वगीकृत सूची अपनाते हैं ऐसे ग्रन्थालयों में इस प्रकार की जानकारी की आवश्यकता और भी बढ़ जाती है। ग्रन्थों के विषय-शीर्षकों से सम्बन्धित अनेक समस्याएँ हैं जो शृंखला प्रक्रिया

के आविष्कार से कुछ कम तो अवश्य हो गई हैं पर पूर्ण रूप से समाप्त नहीं हुई हैं। ग्रन्थों के प्रसूचीकरण में प्रचलन उपसूत्र, उद्धरण क्रम आदि के उपयोग हेतु विषय-जगत् की जानकारी अत्यन्त आवश्यक है।

4. सन्दर्भ सेवा प्रदान करने हेतु (For providing Reference Service)

ग्रन्थालयों में पाठकों की व्यक्तिगत सहायता करने हेतु सन्दर्भ सेवा का आयोजन किया जाता है जो सन्दर्भ कर्मचारी द्वारा प्रदान की जाती है। पाठकों की माँग का सही आँकलन व विश्लेषण कर उसको उसकी वान्छित सामग्री प्राप्त करने में उसे सहयोग प्रदान करने के लिए सन्दर्भ कर्मचारी को विषयों से सम्बन्धित समस्त जानकारी होना अति आवश्यक है। पाठकों के विषय का विश्लेषण करने हेतु कर्मचारी को विषय-जगत् तथा उसके विकास क्रम से भिज्ञ होना आवश्यक है। उदाहरणार्थ-फेफड़ों की बीमारी का रेडियोधर्मी उपचार विषय पर अध्ययन सामग्री खोजने वाले ग्रन्थालय कर्मचारी को यदि यह ज्ञात नहीं है कि रेडियोधर्मी उपचार का अध्ययन चिकित्सा शास्त्र में किया जाता है तो वह यथातथ्य सूचना ढूँढ़ने में असमर्थ रहेगा। इसलिए सन्दर्भ सेवा प्रदान करने हेतु भी विषय-जगत् का ज्ञान होना अत्यन्त आवश्यक है।

5. प्रलेखन/सूचना सेवा प्रदान करने हेतु (For providing Documentation/Information Service)

ग्रन्थालयों में प्रलेखों की पुनर्प्राप्ति एवम् सेवा हेतु प्रलेखों की उचित व्यवस्था करना आवश्यक है। यदि प्रलेखों का व्यवस्थापन विशेषज्ञों के अभिगम के अनुरूप है तो उन्हें वान्छित प्रलेख प्राप्त करने में अत्यन्त सुविधा रहेगी। अत: इस हेतु यह आवयक है कि प्रलेखनकर्त्ता के लिए विषयों के विविध पक्षों और उन पक्षों में समाहित स्थलों तथा उनकी क्रम व्यवस्था की जानकारी हो।

इस प्रकार हम देखते हैं कि उपर्युक्त विश्लेषण से यह स्पष्ट होता है कि ग्रन्थालयों को सुचारुरूप से संचालन हेतु ग्रन्थालयी तथा उसके सहायक कर्मचारियों को विषय-जगत् की संरचना तथा उसके विविध रूपों से परिचित होना अत्यन्त आवश्यक है।

**प्रश्न–15 : सार्वभौमिक वर्गीकरण पद्धति (यूडीसी) में सम्पूर्ण ज्ञान-जगत् की स्थिति का निर्धारण कैसे किया गया है ? समझाइये ।**

सार्वभौमिक दशमलव वर्गीकरण पद्धति (यूडीसी), दशमलव वर्गीकरण पद्धति (डीडीसी) के 5वें संस्करण पर आधारित है। यूडीसी का नवीनतम संस्करण 1985 में प्रकाशित हुआ था। यूडीसी में सम्पूर्ण ज्ञान-जगत् को डीडीसी की भाँति ही मुख्यरूप से 10 भागों में विभाजित किया गया है जो अरेबिक संख्याओं 1 से 9 तक द्वारा प्रदर्शित किया जाता है तथा 0 को सामान्य वर्ग के लिए निर्धारित किया गया है। इस प्रकार प्रथम स्तर का ज्ञान विभाजन यूडीसी में निम्न प्रकार है :-

0 Generalities सामान्य वर्ग

1 Philosophy दर्शन शास्त्र

2 Religion Theology धर्म आध्यात्मवाद

3 Social Science सामाजिक विज्ञान

4 Linguistics भाषा विज्ञान

5 Mathematics and Natural Science गणित एवम् प्राकृतिक विज्ञान

6 Applied Science व्यावहारिक विज्ञान

7 The Arts कलाएँ

8 Literature साहित्य

9 Geography भूगोल

उपरोक्त मुख्य वर्गों को पुनः विभागों तथा उपविभागों में विभाजित किया गया है तथा दशमलव विभाजन पद्धति के अंकन का प्रयोग किया गया है तथा अंकन के प्रारम्भ में दशमलव बिन्दु का उपयोग नहीं किया गया है तथा बाद में प्रत्येक तीन अंकों के बाद दशमलव बिन्दु का प्रयोग आँखों को कुछ विश्राम देने के लिए किया गया है।

उपरोक्त मुख्य विभाजन में सन् 1963 में मुख्य वर्ग 4 **भाषा विज्ञान** को वहाँ से हटाकर मुख्य वर्ग 8 **साहित्य** के साथ व्यवस्थित कर दिया गया

है तथा 4 के अंकन को नवीन विषयों को स्थान देने के लिए खाली रखा गया है। डीवी द्वारा प्रयुक्त न्यूनतम तीन अंकों के आधार का यूडीसी में त्याग कर दिया गया है लेकिन सामान्य रूप से 3 अंकों के बाद बिन्दु रखने का प्रावधान किया है। जिसका मुख्य उद्देश्य अंकों के क्रम को समूहों में विभाजित करना है। अंकों के परम्परागत क्रम में इसका कोई महत्व नहीं है। इस प्रकार यूडीसी

| | |
|---|---|
| में — 3 | समाज विज्ञान |
| 33 | अर्थशास्त्र |
| 338 | उत्पादन, व्यक्त करते हैं। |

इस प्रकार की संरचना के माध्यम से मुख्य वर्गों के उपविभाजन में सामान्य से विशिष्ट की ओर अग्रसर होने का सिद्धान्त अपनाया गया है।

इस पद्धति में जो संख्यात्मक पदानुक्रम अपनाया गया है उसमें वैचारिक धरातल पर सजातीय पदानुक्रम दिखाई पड़ता है जो निम्न उदाहरण से स्पष्ट होता है -

| | |
|---|---|
| 5 | Natural Science |
| 53 | Physics |
| 535 | Optics |
| 535.6 | Colours |
| 535.64 | Colour Systems |
| 535.643 | Trichromatic Systems |

यूडीसी में दो पक्षों एवम् दो विभिन्न विषयों को जोड़ने हेतु अनेक संयोजी चिन्हों का प्रावधान किया गया है जो निम्न प्रकार है -

| | |
|---|---|
| + | Plus धन चिन्ह दो अक्रमागत विषयों को जोड़ने हेतु । |
| / | Slash (तिर्यक) रेखा दो क्रमिक खण्डों का विस्तार प्रदर्शित करने हेतु । |
| : | कोलन (द्विबिन्दु) सम्बन्ध दर्शानें हेतु । |
| = | बराबर (Equal to) भाषा विभाजन । |
| [ ] | बड़ा कोष्ठक (Square Brackets) एक अथवा दो विषयों को जोड़ने हेतु जबकि वे विषय द्वितीय महत्व के हो । |

{ } मझला कोष्ठक (Parenthesis) भौगोलिक विभाजन ।

(1/9) Paranthesis 1/9 स्थान यक्ष को प्रदर्शित करने हेतु ।

(=..) Bracket equal to वंश, जाति एवम् राष्ट्रीयता प्रदर्शित करने हेतु ।

" " Double Inverted Commas समय पक्ष प्रदर्शित करने हेतु ।

.00 Point of view दृष्टिकोण प्रदर्शित करने हेतु ।

उपरोक्त संयोजी चिन्हों से सम्बन्धित कुछ उदाहरण निम्न प्रकार दिए जा सकते है ।

| | | |
|---|---|---|
| + | जैसे — Mining and Metallurgy | 622 + 669 |
| / | जैसे — Science and technology | 5/6 |
| : | जैसे — Relation between Economics with statistics | 33:31 |
| [ ] | जैसे— Mining and Metallurgy in India | [622+669] (540) |
| :: | जैसे— War Photography | 77.044::355 |

मुख्य अनुसूची के अतिरिक्त **यूडीसी** में विस्तारशीलता लाने हेतु सहायक विधियों की तरह अनेक सामान्य सहायकों की व्यवस्था की गई है। इन सामान्य सहायकों का प्रयोग किसी भी मुख्य वर्ग के साथ किया जा सकता है। इसके अतिरिक्त कुछ विशिष्ट सहायकों का भी प्रावधान किया गया है जिनको कुछ ही मुख्य वर्गों के साथ जोड़ा जा सकता है।

इन सहायकों में सामान्य रूप से पुनरावर्तक विशेषताओं को सम्मिलित किया गया है जो सभी विषयों में सामान्य रूप से लाई जा सकती हैं। सामान्य सहायकों में दो प्रकार के प्रतीकों का प्रयोग किया जाता है संकेत चिन्ह तथा सहायक उप विभाग ।

जबकि विशिष्ट सहायकों के अन्तर्गत स्थानीय रूप से पुनरावर्तक विशेषताओं को सम्मिलित किया गया है। इनका विशेष रूप से कुछ मिश्रित विषयों में ही प्रयोग किया जाता है अर्थात् इनका प्रयोग सभी स्थानों पर नहीं किया जा सकता। इनका उल्लेख मुख्य अनूसूचियों में अनेक स्थानों पर किया गया है। विशिष्ट सहायकों में निम्न तीन प्रकार के अंकनों का प्रयोग किया गया है (क) –1/9 का प्रयोग (ख) .01/.09 प्रयोग , (ग) '1/9' का प्रयोग ।

**प्रश्न–16 : कोलन वर्गीकरण पद्धति में ज्ञान-जगत् की स्थितियों का निर्धारण कैसे किया गया है ? विस्तार से विवेचना कीजिये ।**

हम जानते हैं कि ज्ञान-जगत् जिसे विषय-जगत् भी कहा जा सकता है का विस्तार अत्यन्त तीव्र गति से अनेक दिशाओं में निरन्तर होता रहता है। इस प्रकार के ज्ञान को विभिन्न वर्गीकरण पद्धतियों में एक सुसंगठित एवम् व्यवस्थित रूप प्रदान किया जाता है। यह व्यवस्था ज्ञान की स्थिति निर्धारण की (Mapping of Knowledge) की प्रक्रिया द्वारा की जाती है। अँग्रेजी का मैपिंग (Mapping) शब्द प्रधान रूप से भूगोल में मानचित्र बनाने की प्रक्रिया का प्रतीक है। जिस प्रकार एक भौगोलिक मानचित्र में अन्य बातों के साथ-साथ विभिन्न स्थानों को उनकी सापेक्ष स्थिति में प्रस्तुत किया जाता है उसी प्रकार एक वर्गीकरण पद्धति में भी ज्ञान-जगत् की सभी इकाइयों का भी निर्धारण किया जाता है। जिसे ज्ञान की स्थिति का निर्धारण (Mapping of Universe of Knowledge) कहा जाता है।

**कोलन वर्गीकरण पद्धति में ज्ञान-जगत् की स्थिति का निर्धारण (Mapping of Universe of Knowledge in Colon Classification Scheme)**

डॉ॰ रंगानाथन् द्वारा प्रणीत् कोलन वर्गीकण पद्धति मुक्त पक्षात्मक तथा वैश्लेषी-संश्लेषणात्मक वर्गीकरण पद्धति है। डॉ॰ रंगानाथन् ने सर्वप्रथम ज्ञान जगत् को तीन विस्तृत वर्गों–प्राकृतिक विज्ञान, मानविकी एवम् सामाजिक विज्ञान में वर्गीकृत किया है। इन वर्गों को उन्होंने आंशिक व्यापकता स्वरूप (Partial Comprehension) की संज्ञा दी है। इसके बाद प्रत्येक विस्तृत वर्ग को सम्बन्धित मुख्य वर्गों में विभाजित किया गया है तथा प्रत्येक मुख्य वर्ग को विभिन्न विशेषताओं की पंक्ति के आधार पर पाँच विभिन्न पक्षों–व्यक्तित्व, पदार्थ, ऊर्जा देश एवम् समय में विभाजित किया गया है तथा प्रत्येक पक्ष को एकलों एवम् एकलों को उपएकलों में विभाजित किया गया है।

तीनों विस्तृत वर्गों का अनुक्रम पूर्वानुमानेयता के ह्रास एवम् विषय-वस्तु की प्रचुरता की वृद्धि का सिद्धान्त (Principle of Decreasing Predictability and Increasing Richness of Contents) पर आधारित है।

### 1. मुख्य वर्गों का अनुक्रम (Sequence of Main Classes)

विस्तृत वर्ग प्राकृतिक विज्ञान में सम्मिलित किये गये मुख्य वर्ग मूर्तता वृद्धि सिद्धान्त अथवा अमूर्तता ह्रास का सिद्धान्त के आधार पर वर्गीकृत किए गये हैं जैसे **गणित** सबसे कम मूर्त तथा सबसे अधिक अमूर्त है अतः उसे पहले रखा गया है। **भौतिक शास्त्र** पदार्थ एवम् ऊर्जा का अध्ययन करता है अतः उसकी विषय-वस्तु में कुछ मूर्तता समाविष्ट है इसलिए उसे गणित के तुरन्त बाद स्थान दिया गया है। जीव विज्ञान, वनस्पति विज्ञान, जन्तु विज्ञान, चिकित्सा विज्ञान आदि मुख्य वर्गों का अनुक्रम निर्धारित करने में जटिलता वृद्धि के सिद्धान्त का भी अनुसरण किया गया है जिनमें बाद वाला पहले की अपेक्षा अधिक जटिलता एवम् उत्तरोत्तर मूर्तता वृद्धि को अपनाया हुए है।

इसके बाद **व्यावहारिक विज्ञान** को **शुद्ध विज्ञान** के तुरन्त बाद स्थान दिया गया है जिस पर वह आधारित है जैसे-**भौतिकी** के बाद **अभियान्त्रिकी**, रसायन शास्त्र के बाद **प्रौद्योगिकी** को, वनस्पति विज्ञान के बाद **कृषि विज्ञान** को, **भूगर्भ शास्त्र** के बाद **खनिकर्म** को स्थान दिया गया है। मुख्य वर्ग **उपयोगी कलाओं** में सभी शेष व्यावहारिक विज्ञानों को सम्मिलित किया गया है इसलिएं इसे सबसे अन्त में स्थान दिया गया है ।

विस्तृत वर्ग **मानविकी** में मुख्य वर्ग ललित कलाएँ, साहित्य, भाषा विज्ञान, धर्म आदि को कृत्रिमता वृद्धि के सिद्धान्त (Principle of Increasing Artificiality) अथवा प्राकृतिकता ह्रास के सिद्धान्त (Principle of Decreasing Naturality) के आधार पर व्यवस्थित किया गया है। मुख्य वर्ग आध्यात्मिक अनुभव एवम् रहस्यवाद (Δ) सर्वाधिक स्वाभाविकता पर आधारित है अतः इसे मानविकी विस्तृत वर्ग के सभी मुख्य वर्गों में पहले स्थान दिया गया है। साहित्य के बाद भाषा विज्ञान मुख्य वर्ग को रखना **व्याकरण से पूर्व साहित्य** सिद्धान्त को अपनाया गया है।

सामाजिक विज्ञान विस्तृत वर्ग में मुख्य वर्गों को कृत्रिमता वृद्धि अथवा प्राकृतिकता ह्रास के सिद्धान्त पर व्यवस्थित किया गया है। विधि (Z) में सर्वाधिक कृत्रिमता है इसलिए इसे सबसे अन्त में स्थान दिया गया है। इसके अतिरिक्त साहित्यिक माँग का सिद्धान्त के अनुसार इतिहास (V) को राजनीति विज्ञान (W) से पूर्व व्यवस्थित किया गया है। चूँकि इतिहास के लिए भूगोल

का अध्ययन आवश्यक है इसलिए इसे इतिहास के पूर्व स्थान दिया गया है।

**विन्यास एवम् संरचना (Layout and Structure)**

कोलन वर्गीकरण पद्धति में ज्ञान-जगत् को सर्वप्रथम परम्परागत मुख्य वर्गों में विभाजित किया गया है जिनको रोमन दीर्घ अक्षरों द्वारा अंकन प्रदान किया गया है। दो सन्निहित मुख्य वर्गों के मध्य नवीन वर्गों का सन्निवेश रिक्त-रिक्तकारी अंकों U, W, Y के द्वारा सम्भव बनाया गया हैं जैसे - LU5 सार्वजनिक स्वास्थ्य। इसी प्रकार किसी भी पंक्ति में समकक्ष स्तर के नवीन विषयों का सन्निवेश रिक्त अंकों T, V, X की पद्धति के द्वारा बना दिया गया है जैसे - KX पशुपालन।

परम्परागत विषयों के अतिरिक्त कुछ अन्य नव-परम्परागत मुख्य वर्गों को इन्डो अरेबिक संख्याओं 1 से 8 अथवा लघु रोमन अक्षरों द्वारा प्रदर्शित किया गया है जेसे 2 ग्रन्थालय विज्ञान, तथा z सामान्य वर्ग (Generalia)।

**प्रश्न–17 : आप विषय निर्माण से क्या समझते हैं ? विषय निर्माण की विभिन्न विधियों का उदाहरण सहित वर्णन कीजिए ।**

हम जानते हैं कि ज्ञान बहुआयामी, गतिशील एवम् निरन्तर वर्धनशील होता है जो गतिशील होकर अनेक दिशाओं में निरन्तर बढ़ता है जिससे ज्ञान की सृष्टि होती रहती है तथा नवीन विषयों का आविष्कार होता रहता है। ज्ञान की सृष्टि अनेक विषयों का एक दूसरे के साथ अनुप्रयोग तथा उनके प्रभाव के कारण होती है। जिन प्रक्रियाओं के कारण नवीन ज्ञान की सृष्टि होती है उसे **ज्ञान के निर्माण की विधियाँ** (Modes of Formation of Knowledge) कहा जाता है। ज्ञान के निर्माण की विधियों से नवीन विषयों का निर्माण होता है इसलिए अब इन विधियों को **विषय निर्माण की विधियाँ** (Modes of Formation of Subjects) कहा जाता है।

प्रारम्भ में डॉ॰रंगानाथन् ने विषय निर्माण की मात्र चार विधियों का उल्लेख किया था लेकिन 1960 में दो नवीन विधियों की खोजकर इनकी संख्या 6 बताई। इसके पश्चात् 1973 में **प्रो॰ नीलमेघम्** ने इन विषय निर्माण

विधियों का वैज्ञानिक आधार पर पुनर्गठन एवम् युक्तिकीकरण कर इन्हें निम्न प्रकार से विभक्त किया है।

### 1. स्तरण (Lamination)

लैटिन भाषा के शब्द लेमिनी (Laminee) से निर्मित Lamination शब्द का अर्थ अलग होने योग्य पर्त (Separable Layer) से होता है। इसलिए इस विधि में एक या अधिक एकल पक्ष या मूल वर्ग को इस प्रकार रखा जाता है कि दोनों मिलकर एक पतली अलग होने वाली पर्त का निर्माण करते हैं। यह प्रक्रिया दो प्रकार से हो सकती है। पहले प्रकार में एक या अधिक एकल पक्षों को मूल विषयों के साथ जोड़कर मिश्रित विषय का निर्माण किया जाता है। इस प्रकार निर्मित मिश्रित विषय सूक्ष्म विषय का स्वरूप धारण कर लेता है। जैसे - गैहूँ की कृषि (मूल विषय कृषि से गैहूँ एकल जोड़कर)। दूसरे प्रकार में दो या अधिक मूल विषय की प्रजातियों की पर्त को एक साथ रखकर मिश्रित मूल विषय का निर्माण किया जाता है अथवा एक ही अनुसूची में दो या अधिक एकलों को एक साथ रखकर मिश्रित विषय का निर्माण किया जाता है। जैसे - ग्रामीण महिलायें (दो मूल विषयों के एकलों को जोड़कर)।

### 2. अबद्ध समुच्चय (Loose Assemblage)

इस प्रक्रिया में दो या अधिक विषयों या एकलों को एक स्थान पर एकत्रित कर उनके पारस्परिक सम्बन्धों का अध्ययन किया जाता है। यह प्रक्रिया तीन तरह से जटिल विषय, जटिल एकल विचार या जटिल पंक्ति एकल विचार का निर्माण करती है। ज्ञान के सृजन में यह प्रक्रिया एक विशिष्ट प्रक्रिया है। उदाहरण - Mathematics for engineers (जटिल विषय)

Human anatomy and physiology (जटिल एकल विचार)

Rural and city folk culture (जटिल पंक्ति एकल विचार)

### 3. विखण्डन (Fission)

जब किसी विषय, धारणा एवम् कार्य को अनेक अंशों में विभाजित किया जाता है जैसे - जीवविज्ञान में विखण्डन की प्रक्रिया का अभिप्राय ही इसको अनेक Cells and Tissues में विभक्त करता है। इस प्रकार से विखण्डन की प्रक्रिया से भी किसी मुख्य विषय या अनेक प्रमुख विषयों का

निर्माण होता है। इसमें डॉ० रंगानाथन् ने **विखण्डन** शब्द का प्रयोग **बिच्छेदन** एवम् **अनाच्छादन** की पूर्व क्रिया के बदले प्रयोग किया है क्योंकि विखण्डन के अन्तर्गत विच्छेदन की भाँति ही कार्य होता है।

**उदाहरण** — Biology – Botony, Zoology, Agriculutre

Economics – Labour, Monetary and Money & Banking

## 4. विलयन (Fusion)

इस क्रिया के अनुसार जब दो अथवा दो से अधिक प्रमुख विषयों का मिश्रण होकर पूर्ण विलय हो जाता है उस स्थिति में मूल विषय अपने रूप, आकार एवम् अस्तित्व को खो बैठते हैं और दोनों मिलकर एक नवीन विषय की सृष्टि करते हैं जिसे डॉ० रंगानाथन् ने Fused Main Class की संज्ञा दी है। **उदाहरण** — (Astronomy + Physics) → Astrophysics

(Biology + Chemistry) → Biochemistry

## 5. आसवन (Distillation)

आसवन वह प्रक्रिया है जिसमें एक विशेष विधि के द्वारा शुद्ध पदार्थ के रूप में जिस प्रकार छनकर Distilled Water प्राप्त होता है उसी प्रकार आसवन के द्वारा विषयों का निर्माण भी होता है। इसमें अनेक विषयों से निचोड़कर एक मुख्य एवम् मूल विषय प्राप्त होता है जो नवीन विषय का रूप धारण कर लेता है। **उदाहरण** — Research Methods, Management, Statistical Techniques आदि ।

## 6. संचयन (Agglomeration)

**एग्लोमरेशन** का शाब्दिक अर्थ किसी वस्तु को लपेट कर गोल बना देना या गोलाकार रूप में साथ-साथ एकत्रित करना है। इसमें एक से अधिक विषयों के समूह एक समूह या संपित रूप गों साथ-साथ एकत्रित कर नए विषयों का निर्माण किया जाता है डॉ०रंगानाथन् ने पूर्व में इस प्रक्रिया को आंशिक व्यापकता (Partial Comprehension) कहा था ।

**उदाहरण** - Natural Sciences, Social Sciences, Humanities.

### 7. समूहन (Cluster)

**क्लस्टर** (Cluster) का शाब्दिक अर्थ एक ही प्रकार की वस्तुओं को एक साथ समूहबद्ध करना होता है। जब एक ही और समान विषय पर बहुत से विशिष्ट अध्ययन किए जाते हैं और परिणामस्वरूप जिन विषयों की उत्पत्ति होती है उन्हें **समूहन** के नाम से जाना जाता है। पूर्व में इस प्रक्रिया को डॉ॰ रंगनाथन् ने विषय बंडल (Subjects Bundle) की संज्ञा दी थी। **उदाहरण**- Indology (भारतीय विद्या), Sinology (चीनी विद्या) आदि।

## प्रश्न-18 : विच्छेदन (Dissection) तथा अनाच्छादन (Denudation) विषय निर्माण की विधियों को समझाते हुए उनमें क्या अन्तर है ? बताइये ।

**विच्छेदन** एवम् **अनाच्छादन** विधियाँ मूल विधि विखण्डन के दो रूप हैं। इसलिए पहले विखण्डन का समझना आवश्यक है। **विखण्डन** (Fission) का साधारण अर्थ खण्ड-खण्ड होने अर्थात् किसी वस्तु का टुकड़ों में विभक्त होने से होता है। **विखण्डन** शब्द नाभिकीय भौतिकी (Nuclear Physics) विषय का शब्द है जहाँ इसका अर्थ **नाभिक का दो या दो से अधिक नाभिकों में टूट जाता फिजन** कहलाता है। जिस प्रकार नाभिक पर भारी चोट पहुँचाने से उसका विखण्डन हो जाता है। ठीक उसी प्रकार किसी भी विषय पर अनुसंधान द्वारा चोट पहुँचाने से उसका विखण्डन हो जाता है। यही कारण है कि प्रत्येक विषय के नवीन विषय उत्पन्न हो रहे हैं। विखण्डन विधि में मूल विषय या उसके किसी एकल का उपखण्डों में विखण्डन या विभाजन होता है। विषय विशेषज्ञ इस क्रिया को Fission के साथ-साथ Fregmentation के नाम से भी पुकारते हैं।

विखण्डन (Fission) की प्रक्रिया निम्न दो प्रकार से होती है।

1. विच्छेदन (Dissection)
2. अनाच्छादन (Denudation)

### 1. विच्छेदन (Dissection)

इस विधि में जब कोई विषय कई विषयों में विच्छेदित हो जाता है और

समान स्तर के भाग प्राप्त होते हैं तब इस विधि को **विच्छेदन विधि** कहा जाता है। इसमें विच्छेदित होने वाले विषय समकक्ष वर्ग (Coordinated Class) तथा उनकी पंक्ति को **वर्गों की पंक्ति** कहा जाता है तथा एक विशेषता के आधार पर किसी वर्ग/विषय/उपवर्गों अथवा विशिष्ट विषयों का निर्माण किया जाता है। इस विधि की यह विशेषता है कि विच्छेदित होने वाला विषय उसके विभागों में पूर्ण रूप से समायोजित हो जाता है। **उदाहरण के रूप में ज्ञान-जगत** को विभिन्न विषयों के अन्तर्गत निम्न प्रकार विच्छेदित कर रखा जाता है। इसी प्रकार **धर्म** को भी समकक्ष वर्गों में विच्छेदन के द्वारा निम्न प्रकार रखा जाता है।

| **ज्ञान-जगत** | | **धर्म** | |
|---|---|---|---|
| जीव विज्ञान | G | हिन्दू धर्म (वैदिक) | Q1 |
| वनस्पति विज्ञान | I | हिन्दू धर्म (उत्तर वैदिक) | Q2 |
| कृषि शास्त्र | J | जैन धर्म | Q3 |
| जन्तु विज्ञान | K | बौद्ध धर्म | Q4 |
| आयुर्विज्ञान | L | यहूदी धर्म | Q5 |

तकनीकि दृष्टि से रंगानाथन् ने इसे पंक्ति प्रकार का विभाजन कहा है और इस प्रकार के विभाजनों को वर्गीकरण में समायोजित करने हेतु पंक्ति में ग्राह्यता की आवश्यकता होती है जिसके लिए रिक्त अंक, रिक्तकारी अंक, विषय विधि, भौगोलिक विधि तथा सामान्य एकल विधियों को अपनाया गया है।

## 2. अनाच्छादन (Denudation)

इस विधि में किसी विषय का विखण्डन श्रृंखला के रूप में होता है तथा जो विषय प्राप्त होते हैं उनका विस्तार कम तथा गहनता बढ़ती जाती है। दूसरे शब्दों में हम इस प्रकार कह सकते हैं कि अनाच्छादन द्वारा हम सामान्य से विशिष्ट की ओर अग्रसर होते हैं। इस प्रकार प्रत्येक विषय अपने से ऊपर वाले विषय का विभाजन है। यह सम्बन्ध **पिता-पुत्र-नाती** जैसा है। इसमें विषय अधीनस्थ वर्ग (Subordinate Class) में प्राप्त होते हैं। तकनीकि दृष्टि से इसे **श्रृंखला में ग्राह्यता** (Hospitality in Chain) की संज्ञा प्रदान की गई है। वास्तविकता यह है कि यह श्रृंखला कभी भी समाप्त नहीं होती है।

**उदाहरण** के लिए **दर्शनशास्त्र** का अनाच्छादन करने पर उसका एक खण्ड **तर्कशास्त्र** प्राप्त होता है तथा उसे पुनः अनाच्छादित करने पर एक अन्य उपखण्ड आगमनात्मक तर्क प्राप्त होता है जिससे एक शृंखला का निर्माण होता है।

तकनीकि दृष्टि से **रंगानाथन्** ने इसे शृंखला प्रकार का विभाजन कहा है तथा इस विधि से प्राप्त विषयों को वर्गीकरण में समायोजित करने हेतु शृंखला की ग्राह्यता की आवश्यकता होती है जिसके लिए अनेक विधियाँ जैसे— कालक्रम विधि, दशा सम्बन्ध, भौगोलिक विधि आदि को अपनाया गया है।

**दोनों में अन्तर (Difference in both)**

**विच्छेदन** एवम् **अनाच्छादन** दोनों विषय निर्माण की विधियाँ हैं। **विच्छेदन** में किसी विषय का विभाजन समकक्ष वर्गों में होता है जबकि **अनाच्छान** में विभाजन अधीनस्थ वर्गों में होता है। **विच्छेदन** में विभाजन का सम्बन्ध भाई से भाई जैसा होता है जबकि **अनाच्छादन** में पिता-पुत्र जैसा विभाजन होता है। इस विभाजन को रंगानाथन् ने **विच्छेदन में** पंक्ति प्रकार का जबकि **अनाच्छादन** में शृंखला प्रकार का कहा है। **विच्छेदन** में इस प्रकार के विभाजन को समायोजित करने तथा पंक्ति में ग्राह्यता लाने की आवश्यकता होती है जबकि अनाच्छादन में शृंखला में ग्राह्यता लाने को आवश्यकता होती है।

## प्रश्न–19 : चिन्तन की विभिन्न विधियों (Modes of Thinking) की संक्षेप में व्याख्या कीजिए ?

ज्ञान निरन्तर बहुआयामी एवम् निरन्तर वर्धनशील होता है इसलिए इसके इसी गुण के कारण आज ज्ञान असीमित मात्रा में उत्पादित हो चुका है। ज्ञान की उत्पत्ति एवम् विकास में अनेक विद्वान लोगों के विचारों का पर्याप्त मात्रा में प्रभाव पड़ा है। यदि हम इस प्रकार के अनेक विचारकों के समुदायों की विचारधाराओं तथा उनकी चिन्तनशीलता की विधियों एवम् परम्पराओं पर दृष्टिपात करें तो हमें यह ज्ञात होता है कि उन विचारकों एवम् उनकी विचारधाराओं के परिणामस्वरूप ज्ञान-जगत् के अनेक तत्वों, विषयों तथा वस्तुओं का किस रूप में समय-समय पर विचार किया गया है और उनकी

विचारशीलता के कारण ज्ञान-जगत् वास्तविक जानकारी की दृष्टि से किस ढंग से हमारे सामने आया है तथा हमारा ज्ञानवर्धन किस ढंग से हुआ है। उन सभी विचारधाराओं को हम निम्न प्रकार कालक्रम रूप से विभक्त कर सकते हैं-

**1. कल्पनात्मक चिन्तन की विधि (Melaphysical Mode of Thinking)**

अँग्रेजी भाषा का Metaphysics शब्द ग्रीक भाषा के दो शब्दों Meta तथा Physics से मिलकर बना है जिसका शाब्दिक अर्थ प्रकृति की वस्तुओं के उपरान्त (After the things of nature) की स्थिति की जानकारी से होता है। इस प्रकार की चिन्तनशीलता को एक अभिव्यक्ति के रूप में हैलेनिष्टिक विचारधारा के लोगों ने प्रयोग में लाना प्रारम्भ किया था जिसे ग्रीक में अरस्तु द्वारा प्रयुक्त Metaphysics पद या विषय के परिप्रेक्ष्य में विश्व की वस्तुओं की जानकारी के प्रति जो तथ्य चिन्तनशीलता के परिणामस्वरूप उत्पन्न हुए हैं उनका विवरण है। कालान्तर में Metaphysics का प्रयोग मध्यकालीन एवम् अर्वाचीन दार्शनिकों ने अवस्तुओं की जानकारी तथा उसका अध्ययन के लिए प्रयोग किया था। कान्त (Kant) के समय से Metaphysics का तात्पर्य Speculation के लिए प्रयुक्त किया जाने लगा था जिसका तात्पर्य उन तत्वों, तथ्यों तथा वास्तविकता का उत्तर प्रदान करने के लिए किया जाने लगा जिनका उत्तर तथा निराकरण एवम् निदान वैज्ञानिक निरीक्षण एवम् प्रयोगों के माध्यम से निकालना सम्भव नही होता था। आधुनिक समय में Metaphysics का तात्पर्य किसी भी रहस्यात्मक गूढ़ तथा पर्याप्त सैद्धान्तिक चिन्तनशीलता को कहा जाता है जिसे 18वीं शताब्दी में सर्वाधिक लोकप्रियता प्राप्त हुई थी। इस प्रकार Metaphysics दर्शन की उस शाखा को कहा जाता है जो वस्तुओं के प्रकार, उनके अस्तित्व एवम् उद्भव की जानकारी प्रस्तुत करती है। अतः इस विषय के अन्तर्गत असितत्व की धारणाएँ, जगत का क्रम एवम् व्यवस्था, घटनाएँ एवम् परिघटनाएँ तथा विशिष्ट एवम् सार्वभौमिक विभेद, व्यक्तिगत एवम् सामूहिक प्रकृति के सम्बन्ध, परिवर्तन और कारण, पदार्थ, अन्तरिक्ष, काल आदि विषय तथा तथ्यों का अध्ययन किया जाता है।

**2. प्रत्यक्षवादी अथवा वैज्ञानिक चिन्तन की विधि (Positivistic Or Scientific Mode of Thinking)**

इस प्रकार की चिन्तन विधि का नाम प्रत्यक्षवादी चिन्तन विधि **कोमटे**

(Compte) द्वारा प्रतिपादित प्रत्यक्षवादी सिद्धान्त के कारण पड़ा है। प्रत्यक्षवादी दर्शन को सामान्य और स्पष्ट भाषा में यह कहा जा सकता है कि सभी प्रामाणिक ज्ञान हमारी इन्द्रियों पर आधारित होता है और ज्ञान का विकास तथा सम्वर्द्धन एवम् अर्जन मुख्य रूप से निरीक्षण एवम् प्रयोग के माध्यम से किया जाता है। सभी प्रत्यक्षवादी इस मत के अनुयायी हैं कि दर्शन का कार्य (Task) उन विधियों की जानकारी प्राप्त करना है जिससे सभी विज्ञानों को उन्नत एवम् विकसित बनाया जा सके। उस किसी ज्ञान को अर्जित करने का कार्य दर्शन का नहीं है जो इस जगत से परे हो अर्थात् अलौकिक हो अर्थात् जिनका अनुभव अथवा अनुभूति न की जा सके। प्रत्यक्षकारी सम्प्रदाय के विचारक ऐसा तर्क देते हैं कि ज्योंही किसी ऐसे साधन का आविष्कार अथवा निर्माण होता है जिसके माध्यम से किसी विषय के ज्ञान को विकसित किया जा सकता है त्योंही वह दर्शन के क्षेत्र से बाहर का विषय बन जाता है।

### 3. प्रभुत्व केन्द्रित चिन्तन की विधि (Authority Centered Mode of Thinking)

प्रभुत्व का साधारण भाषा में तात्पर्य उस शक्ति अथवा प्रभाव से होता है जो किसी आज्ञा अथवा आदेश के पालन का आभास देता है अर्थात् इस प्रकार की चिन्तन विधि में एक प्रकार का आदेशात्मक बोध होता है। इस विधि में प्रभुत्व (Authority) तथा आदेश (Obedience) दो पद हैं जो दोनों सह सम्बन्धित हैं और इनकी श्रेष्ठता जो प्रभुत्व के सम्बन्ध में प्रयुक्त की जाती है वह वस्तुतः एक आदेश के पालन से सम्बन्धित होती है अतः प्रभुत्व को यह अधिकार एवम् शक्ति प्राप्त होती है जिसके आधार पर आदेश का पालन किया जाता है और इसके ही आधार पर अन्तिम निर्णय दिया जाता है भले ही वह निर्णय अधिकांश को प्रभावित करने की क्षमता न रखता हो लेकिन यह निर्णय अन्तिम निर्णय होता है। लेकिन इस पद का तात्पर्य उन तत्वों से होता है जो किसी प्रकार के विश्वास, विचार, अभिमत, क्रियाकलाप तथा कार्य के क्षेत्र में भी तद्नुसार आचरण करने के लिए बाध्य करते हैं। इसके परीक्षण हेतु प्रभुत्ता को लोगों के अभिमत को प्रभावित कर किसी प्रकार के विश्वास के प्रति निष्ठा रखने का अधिकार होता है। इस प्रकार प्रभुत्ता के प्रभाव के कारण हमारे दृष्टिकोण और अभिमत प्रभावित होते हैं और मानव मस्तिष्क में एक प्रकार का विश्वास जाग्रत करने हेतु आकर्षित कर लिया जाता है।

प्रभुक्त केन्द्रित चिन्तन की विधि के प्रमुख विचारकों में **ह्यूम** (Hume), **कान्त** (Kant) एवम् **हीगल** (Hegal) के नाम विशेष उल्लेखनीय हैं।

## प्रश्न-20 : प्रभुसत्ता (Authority) पर एक निबन्ध लिखिए ?

आज हमारे समक्ष ज्ञान का जो विशाल भण्डार है उसकी उत्पत्ति एवम् क्रमिक विकास में प्रारम्भ से लेकर अब तक अनेक प्रकार के विचारों का पर्याप्त मात्रा में प्रभाव पड़ा है जिसमें अनेक समुदायों की विचारधाराओं (Schools of thoughts) का प्रभाव सर्वाधिक है। यदि हम उन समुदायों की विचारधाराओं तथा उनकी चिन्तनशीलता की विधियों एवम् परम्पराओं पर दृष्टिपात करें तो उनमें से एक **प्रभुसत्ता** चिन्तनशीलता विधि (Authority mode of thinking) प्रमुख है। इसमें प्रभुसत्ता का निम्न अर्थ है।

### प्रभुसत्ता (Authority) क्या है ?

जब कभी हम **प्रभुसत्ता** पद का प्रयोग करते हैं तो साधारण भाषा में उसका अर्थ किसी न किसी रूप में द्वन्द्व एवम् विरोध का आभास अवश्य देता है। प्रभुसत्ता का सामान्य तात्पर्य उस शक्ति अथवा प्रभाव से होता है जो किसी प्रकार की आज्ञा अथवा आदेश के पालन का आभास कराता है लेकिन इसके अभिप्राय में अन्तर भी होता है जो समय, स्थान और परिप्रेक्ष्य के अनुसार भिन्न-भिन्न होता है लेकिन प्रभुसत्ता चिन्तनशीलता विधि के सन्दर्भ में इसका अभिप्राय एक प्रकार का आदेशात्मक बोध होता है। प्रभुसत्ता को एक शक्ति अथवा अधिकार प्राप्त होता है जिसके आधार पर आदेश का पालन किया जाता है और इसके ही आधार पर अन्तिम निर्णय दिया जाता है भले ही वह निर्णय अधिकांश को प्रभावित करने की क्षमता न रखता हो लेकिन वह निर्णय अन्तिम निर्णय होता है।

विस्तृत रूप में **प्रभुसत्ता** पद का अभिप्राय उन तत्वों से होता है जो किसी प्रकार के विश्वास, विचार, अभिमत, क्रियाकलाप और कार्य के क्षेत्र में तद्नुसार आचरण करने के लिए बाध्य करते हैं। प्रभुसत्ता को व्यक्तियों के अभिमत को प्रभावित कर किसी प्रकार के विश्वास के प्रति निष्ठा रखने का अधिकार होता है और इसी तरह किसी प्रकार के क्रियाकलाप को संचालित

करने तथा प्रारम्भ करने के लिए भी सम्बन्धित प्रभुसत्ता का प्रभाव पड़ता है। इसका मुख्य कारण यह होता है कि प्रभुसत्ता तद्नुसार कार्य करने एवम् आचरण करने के लिए उत्प्रेरित करती है। इस प्रकार निष्कर्ष रूप में हम यह कह सकते हैं कि **प्रभुसत्ता** एक ऐसा प्रभुत्व अथवा प्रभाव होता है जो मानव को उसके अभिमतों एवम् दृष्टिकोणों के प्रति विश्वास उत्पन्न करने हेतु आकर्षित कर लेता है ।

## प्रभुसत्ता के प्रकार (Types of Authorities)

जर्मन दार्शनिक Max Weber ने आदर्श की दृष्टि से निम्न तीन प्रकार की प्रभुसत्ताओं का प्रतिपादन किया है। सभी प्रकार की प्रभुसत्ताओं का लक्ष्य अन्ततोगत्वा अभिमत को उत्पन्न करना और किसी प्रकार के विश्वास को सिद्ध करना होता है और इनके अभाव में प्रभुसत्ता का कोई अर्थ नहीं होता है।

## विभिन्न क्षेत्रों में प्रभुसत्ता (Authority in Various Fields)

अब हम जान चुके हैं कि प्रभुसत्ता मानव के क्रियाकलापों एवम् विचारधाराओं के क्षेत्र में एक ऐसा तत्व होता है जिसे हम **प्रभुसत्ता** की संज्ञा देते हैं जिससे प्रभावित होकर मानव के क्रियाकलाप एवम् विचारधाराएँ प्रभावित होती रहती हैं। प्रभुसत्ता का उल्लेख विज्ञान, कला तथा दर्शन आदि अनेक क्षेत्रों में मिलता है।

### 1. विज्ञान क्षेत्र में प्रभुसत्ता (Authority in Science)

यह बात पूर्णतः स्वीकार की जा चुकी है कि प्रकृति अत्यन्त गूढ़ एवम् रहस्यात्मक होती है जबकि विज्ञान इतना नहीं है और जब हम विज्ञान के क्षेत्र में उष्मा, प्रकाश, विद्युत अथवा चुम्बकत्व आदि की चर्चा करते हैं तो ये हमें अमूर्त दिखाई पड़ते हैं लेकिन जब इनके प्रभाव को देखा जाता है अथवा इनकी वास्तविक शक्ति का आभास होता है तो प्रतीत होता है कि इनकी भी कोई प्रभुसत्ता है जो इन्हें स्पष्ट करती है। विज्ञान के क्षेत्र में उन विद्वानों की प्रभुसत्ता को चुनौती नहीं दी जाती है जिन्होंने अनेक प्रकार के प्रमाणों को एवम् अनेक तथ्यों को प्रामाणिक सिद्ध कर दिया है।

### 2. नैतिकता के क्षेत्र में प्रभुसत्ता (Authority in Moral)

मानव का नैतिक जीवन भी अपना एक स्थान रखता है और उसकी

आधार संहिता इतनी विस्तृत होती है कि किसी भी प्रकार की नैतिक प्रभुसत्ता का उल्लेख करना सरल नहीं प्रतीत होता है क्योंकि मानव के गुण एवम् दोषों, सत्य एवम् असत्य, नैतिकता तथा अनैतिकता की विशेषताओं का प्रभाव सर्वत्र माना गया है तथा इस प्रकार की धारणा भी सर्वत्र स्वीकार की गई है। इन तीनों प्रकार के आचरण का एक महत्व होता है क्योंकि गुण एवम् दोष मनुष्य के चरित्र से सम्बन्धित होते हैं, पाप एवम् पुण्य मनुष्य के सम्पूर्ण जीवन का लेखा-जोखा होता है तथा सत्य एवम् असत्य मानव के स्तर का आभास कराते हैं। अतः इनसे एक आदर्शमय जीवन व्यतीत करने का एक आदेश अमूर्त रूप से हमारे ऊपर पड़ता है।

3. धर्म में प्रभुसत्ता (Authority in Religion)

मानव क्रियाकलापों के अन्य क्षेत्रों में प्रभुसत्ता के प्रभाव की अपेक्षा धर्म के क्षेत्र में प्रभुसत्ता एक नये रूप में होती है जो व्यक्तिगत जीवन से लेकर अलौकिक जीवन तक की एक प्रभुसत्ता एवम् उसके परिणामों का आभास कराती है। धर्म के क्षेत्र में जितने प्रकार की प्रभुसत्ताएँ होती हैं उनमें आपस में सामन्जस्य स्थापित किया जाता है और उन्हें एक साथ सम्बद्ध किया गया होता है। धर्म का हमारे व्यक्तिगत एवम् सामाजिक जीवन में भी उतना ही प्रभाव पड़ता है क्योंकि धर्म के अन्तर्गत सत्य, सभ्य-समाज और नैतिक नियम जिनकी प्रभुसत्ता को हम स्वीकार करते हैं वह मात्र एक धार्मिक प्रभुसत्ता का द्योतक होता है।

निष्कर्ष रूप में हमें यह प्राप्त होता है कि प्रभुसत्ता वस्तुतः अमूर्त होते हुए भी एक वास्तविक धारणा एवम् तत्व होता है जो मानव में सदैव विद्यमान रहता है तथा जो मानव के शिक्षण एवम् प्रशिक्षण का एक आवश्यक तत्व है जिसका प्रभाव मानव के व्यक्तित्व के विकास पर पूर्णरूप से पड़ता है। प्रभुसत्ता के कारण ही मनुष्य की भावनाएँ जागृत होती हैं और मनुष्य के व्यवहार एवम् आचरण उसके अनुसार ही विकसित होते हैं।

## प्रश्न-21 : कॉम्पटे द्वारा प्रत्यक्षवादी दर्शन (Positivistic Philosophy) को किस प्रकार समझाया गया है ?

चिन्तन की **प्रत्यक्षवादी दर्शन** की विचारधारा का प्रारम्भ 19वीं

शताब्दी के फ्रेन्च दार्शनिक एवम् समाज विज्ञानवेत्ता **अगस्त काम्प्टे** (Auguste Compte) (1789-1857) द्वारा प्रतिपादति प्रत्यक्षवादी सिद्धान्त के आधार पर हुआ। प्रत्यक्षवादी दर्शन को स्पष्ट शब्दों में कहा जा सकता है कि सभी प्रामाणिक ज्ञान हमारी इन्द्रियों पर आधारित होता है तथा ज्ञान का विकास, अर्जन एवम् सम्बर्द्धन मुख्य रूप से निरीक्षणों एवम् प्रयोगों के माध्यम से किया जाता है। लेकिन प्रत्यक्षवादी दर्शन के अनुसार आध्यात्मिक (Metaphysical) तथा कल्पनात्मक (Speculative) दर्शनों के माध्यम से ज्ञानार्जन के प्रयासों की विधियों को परित्याग कर देना चाहिए क्योंकि ये प्रामाणिक तर्कों पर आधारित नहीं होती हैं तथा विभिन्न प्रकार के विज्ञानों का अनुसरण भी किया जाता है।

सभी प्रत्यक्षवादी इस मत के अनुयायी हैं कि दर्शन का कार्य उन विधियों की जानकारी प्राप्त करना है जिनसे सभी विज्ञानों को विकसित एवम् उन्नत बनाया जाता है और उस किसी ज्ञान को अर्जित करने का कार्य दर्शन का नहीं है जो इस जगत से परे हो, अर्थात् जिसकी अनुभूति व अनुभव न किया जा सके अर्थात् अलोकिक हो। प्रत्यक्षवादी दर्शन के अनुयायी ऐसा तर्क प्रस्तुत करते हैं कि ज्योंही किसी उस साधन का आविष्कार अथवा निर्माण होता है जिसके माध्यम से किसी विषय के ज्ञान को विकसित किया जा सकता है त्योंही वह दर्शन के क्षेत्र से बाहर का विषय बन जाता है और यह विज्ञानों का पृथक विषय अथवा उसका अंग बन जाता है।

**पोजीटिविज्म** (Positivism) पद जो फ्रेन्च भाषा का एक शब्द है से **पोजीटीविस्टिक फिलॉस्फी** (Positivisitsc Philosophy) पद बना है। इस पद का तात्पर्य निश्चित (Sure & Certain) से होता है जो एक प्रकार की वह विचारधारा तथा जीवन है जो सत्य (Realities) का विवेचन उन आधारों पर करती है जिसमें उपयुक्त निष्कर्ष के लिए वैज्ञानिक विधियों का प्रयोग किया जाता है जिसका लक्ष्य न केवल निश्चित को ही संस्थापित करना है बल्कि भिन्नताओं के स्तर में सुव्यवस्था उत्पन्न करना है जिसका विज्ञानों की प्रत्येक शाखा में अनुसरण किया जाता है। लेकिन प्रत्यक्षवादी दर्शन की विचारधारा को जीवन के परिप्रेक्ष्य में प्रयोग किया जाए तो इसका अर्थ, तात्पर्य एवम् लक्ष्य उपादेय हो अर्थात विश्व में ज्ञान मानव की योग्यताओं एवम् क्षमताओं से भी प्राप्त होता है। तब इसका सापेक्ष अर्थ भी हो जाता है जिसके अन्तर्गत जीव विज्ञान तथा समाज शास्त्र मिलकर एक जीव (Organism) का रूप धारण कर

लेते हैं तथा मानव तथा उसके समाज की संरचना की मान्यता के रूप में दिखाई पड़ता है तब इसका रूप सहानुभूतिपूर्वक हो जाता है। अतः प्रत्यक्षवादी दर्शन अपने इस प्रकार के नाम के साथ-साथ मुख्य रूप से एक बौद्धिक विषय बन गया।

अगस्त काम्प्टे ने Positivisitic पद का प्रयोग निश्चित तथ्यों के सिद्धान्तों के कार्य को समन्वित करने की पृष्ठभूमि में जोड़ दिया जिससे Positivistic Philsoophy की आवधारणा की स्थापना हुई। काम्प्टे के प्रत्यक्षवाद (Positivism) को उनके विख्यात तीन अवस्थाओं का नियम (Law of Three States) के आधार पर आसानी से समझा जा सकता है। काम्प्टे ने यह बताया कि मानव मस्तिष्क धार्मिक अवस्था के माध्यम से आध्यात्मिक स्थिति की ओर अग्रसित होता है और अन्ततः इन दोनों सिद्धान्तों के पश्चात् अन्तिम रूप से प्रत्यक्षवादी अवस्था को प्राप्त करता है। धार्मिक अवस्था के अन्तर्गत मानव मस्तिष्क वस्तुओं की आन्तरिक प्रकृति को समझने का प्रयत्न करता है और उनकी प्रकृति को अलौकिक सत्ता के रूप में स्पष्ट करता है। आध्यात्मिक अवस्था में जो धार्मिक अवस्था का वस्तुतः संशोधन होता है, अमूर्त तत्व अथवा शक्ति की व्याख्या प्रस्तुत की जाती है। काम्प्टे के अनुसार अमूर्त रूप में देवी-देवताओं का ही स्वरूप है। काम्प्टे के अनुसार सभी विज्ञान इन तीन अवस्थाओं से होकर गुजरते हैं। उनके अनुसार खगोल विद्या का विकास Sure Worship तथा Astrology से हुआ है इसी प्रकार Chemistry का विकास Alkdine से हुआ है। बेकन की भाँति काम्प्टे ने भी प्रकृति के ऊपर शक्ति प्राप्त करने और उन्नत विज्ञान को इसके साथ लाने की विधि पर बल दिया है। इस प्रकार काम्प्टे का प्रत्यक्षवादी दर्शन विज्ञान के दर्शन से भी अधिक विस्तृत दर्शन माना गया है जो वस्तुतः मनुष्य के बौद्धिक विकास का एक रूप है।

**प्रश्न–22 : मस्तिष्क प्रकोष्ठ (Brain Chamber) से आप क्या समझते हैं ? तथा इसमें किस प्रकार विचारों का निर्माण होता है ? समझाइये ।**

विषय विचारों का संगठनात्मक रूप होता है तथा विचारों के निर्माण के लिए अनुभवों की आवश्यकता होती है और अनुभवों की अभिव्यक्ति भाव, बौद्धिकता तथा प्रज्ञा के अन्तर्गत की जाती है। इस प्रकार किसी भी विषय का विकास, जिससे विषय-जगत् अर्थात् ज्ञान-जगत की सृष्टि होती है मनुष्य के भाव, बौद्धिकता तथा आत्मप्रेरिक अनुभवों के आधार पर होता है। विषयों के विकास के लिए नवीन विचारों की आवश्यकता होती है और नवीन विचारों की वृद्धि होने से ही विषयों का विकास होता है। नवीन विचार संचित होकर अनुसंधान का रूप धारण कर लेते हैं तथा अनुसंधान के माध्यम से विषयों का विकास होता है। अब प्रश्न उठता है कि मनुष्य के मस्तिष्क में विचार कैसे उत्पन्न होते हैं।

मानव को ऊपर वाले ने ज्ञानेन्द्रियाँ प्रदान की हैं जो नाक, कान, आँख, जीभ एवम् स्पर्श के नाम से जानी जाती हैं जो अलग-अलग भावों का अभिज्ञान करती हैं। मानव की इन इन्द्रियों को किसी वस्तु या सत्व के सम्पर्क में आने से अनुभव की प्राप्ति होती है जिससे मस्तिष्क में नवीन विचार उत्पन्न होते हैं तथा नवीन विचार एवम् अनुभव मस्तिष्क में संचित होकर विषय का निर्माण करते हैं।

**डॉ॰रंगानाथन्** ने मानव के मस्तिष्क में उत्पन्न विचारों अथवा संकल्पों के निर्माण का अध्ययन करने हेतु एक रेखाचित्र प्रस्तुत किया है इसी रेखाचित्र को उन्होंने मानव के **मस्तिष्क प्रकोष्ठ** (Brain Chamber) के समान संज्ञा प्रदान की है। डॉ॰रंगानाथन् द्वारा प्रदत्त रेखाचित्र को समझने के लिए निम्न तथ्यों से भी अवगत होना आवश्यक है जो विषयों के निर्माण में अत्यन्त सहायक होते हैं :

**प्रत्यक्ष बोध (Perception)** — कोई वस्तु या व्यवस्थित ज्ञान प्रत्यक्ष बोध कहलाता है।

**विचार (Concept)** — वस्तुओं के सम्बन्ध में अन्तर्निहित धारणा को विचार

या संकल्पना कहा जाता है। प्रत्येक व्यक्ति की मानसिक क्षमता का विकास अलग ढंग से किया जाता है विचारों का निर्माण मनुष्य की मानसिक क्षमता पर निर्भर करता है। दो या दो से अधिक प्रत्यक्ष बोध मिलकर संयुक्त विचार का निर्माण करते हैं। संयुक्त विचार के निर्माण के बाद ही बुद्धि का विकास होता है।

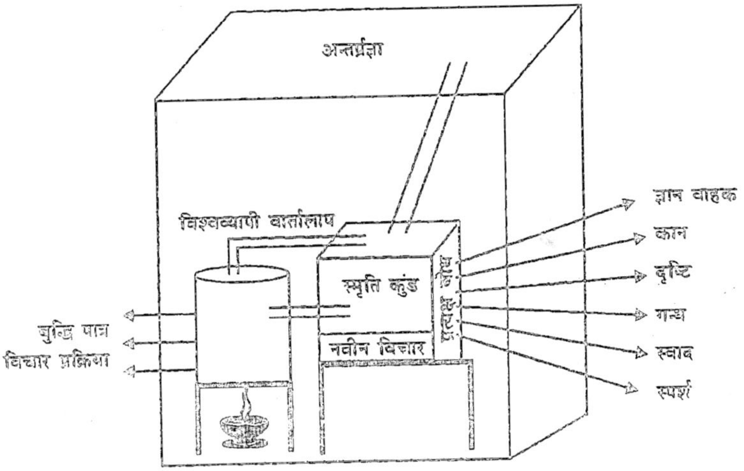


**बुद्धि (Intellegence)** — बुद्धि के प्रयोग द्वारा तथ्यों का उचित परिवर्तन किया जाता है तथा ज्ञान प्राप्ति के लिए बुद्धि का प्रयोग किया जाता है। बु का उपयोग तर्क एवम् वैज्ञानिक ज्ञान की प्राप्ति के लिए भी किया जाता है।

**अन्तर्प्रज्ञा (Intuition)** — इन्ट्यूशन एक लैटिन शब्द है जिसका अर्थ इन्द्रियों द्वारा जनित बोध है। तर्क शक्ति लगाये बिना वस्तु को तुरन्त समझने की विशेष शक्ति को सहज बुद्धि या अन्तर्प्रज्ञा कहा जाता है जैसे धार्मिक, उच्च तथा नैतिक ज्ञान आदि। ये सभी ज्ञान अन्तर्प्रज्ञा के द्वारा ही प्राप्त किया जाता है। आदिकाल में ज्योतिष विद्या का ज्ञान अन्तार्प्रज्ञा की ही देन है।

**आत्म बोध (Apperception)** — स्मृति पटल पर संचित अवधारणाओं अथवा विचारों को आत्म बोध कहा जाता है।

**ज्ञान (Knowledge)** — समग्र विचारों को ज्ञान कहा जाता है।

### मस्तिष्क प्रकोष्ठ की क्रिया विधि (Process of Brain Chamber)

डॉ॰रंगानाथन् द्वारा प्रदत्त रेखाचित्र में मनुष्य की एक या एक से अधिक इन्द्रियों के वस्तुओं अथवा सत्वों के सम्पर्क में आने से विचारों का निर्माण होता है। इन्द्रियों द्वारा प्राप्त अनुभव के द्वारा विचार मस्तिष्क प्रकोष्ठ में जाते हैं। यह भेजने का कार्य ज्ञान इन्द्रियों द्वारा किया जाता है। यदि आवश्यकता पड़ती है तो तर्क द्वारा सोचने की प्रक्रिया प्रारम्भ हो जाती है। ये विचार बौद्धिक पात्र में एकत्रित कर लिये जाते हैं तथा पात्र में इस प्रकार नवीन विचारों का आगमन निरन्तर होता रहता है जिससे प्रकोष्ठ में विचारों का संचयन होता रहता है आवश्यकता पड़ने पर उनका प्रयोग किया जाता है। नवीन विचारों से विषय का निर्माण होता है तथा जिस विषय का चयन किया जाता है उसे तर्क के माध्यम से सिद्ध करना होता है। इसके लिए डेटा तैयार करने होते हैं तथा इन डेटाओं का सामान्यीकरण करने हेतु उनका विश्लेषण करना भी आवश्यक होता है। इस प्रकार प्राप्त विषयों में कुछ आधारभूत नियम होते हैं जिनका अध्ययन आत्म प्रेरणा द्वारा होता है।

### प्रश्न-23 : अनुसंधान (Research) से क्या अभिप्राय है ? आजकल अनुसंधान का क्या महत्व है ? समझाइये ।

अँग्रेजी का शब्द रिसर्च (Research) जिसका हिन्दी अनुवाद अनुसंधान होता है विश्लेषण करने पर उसका अर्थ Re + Search अर्थात् पुनः खोज करने से होता है। वे तथ्य, सिद्धान्त एवम् अन्य वस्तुएँ जो कभी ज्ञात थीं, प्रचलित थीं, लोग उन्हें जानते थे अथवा समझते थे लेकिन समय के प्रभाव के कारण अज्ञात हो गये थे उन्हें पुनः खोजने के पश्चात् वास्तविक स्वरूप में सबके सम्मुख प्रस्तुत करना ही अनुसंधान कहलाता है अर्थात् अनुसंधान में किसी मौलिक एवम् अज्ञात तथ्य अथवा विषय को पूर्णरूप से अन्वेषण कर नवीन तथ्य के रूप में प्रस्तुत करना होता है। इस प्रकार अनुसंधान वह क्रियाकलाप है जो प्रत्येक परिदृश्य, परिघटना, कार्य एवम् कारण तथा प्रभाव से सम्बन्धित प्रश्नों का उत्तर प्रदान करने का प्रयास करता है। अनुसंधान एक प्रकार से मानव का ऐसा प्रयास है जिसके द्वारा मानव-ज्ञान सुदृढ़, वास्तविक तथा परिपूर्ण बनता है। इसके माध्यम से ज्ञान तथा इसके तत्वों, तथ्यों और सिद्धान्तों का अन्वेषण,

सत्यापन एवम् विकास किया जाता है। इस प्रकार अनुसंधान किसी समस्या के निदान, किसी तथ्य की जानकारी किसी विधि को विकसित करने अथवा किसी उद्देश्य की पूर्ति के लिए किया जाता है ।

## अनुसंधान की परिभाषाएँ (Definitions)

1. अनुसंधान समस्याओं के निदान का एक सुसंगठित एवम् बौद्धिक प्रयास है।
2. अनुसंधान किसी तथ्य, किसी सत्य अथवा अन्य लुप्त तथ्यों की खोज होता है।
3. अनुसंधान किसी नवीन वस्तु आदि का आविष्कार भी होता है जिससे नवीन और उपयोगी तथ्य एवम् प्रक्रियाएँ सामने आती हैं।
4. अनुसंधान बौद्धिक क्रियाकलाप तो होता ही है साथ ही जिससे मानव के कल्याण, सुरक्षा और समाज का विकास किया जाये उससे सम्बन्धित होता है।
5. अनुसंधान उन विधियों, प्रविधियों, उपकरणों, साधनों आदि को विकसित करने का क्रियाकलाप भी होता है जिनसे कम श्रम, अल्प समय तथा अल्प व्यय में अधिक से अधिक उत्पादन एवम् कार्यक्षमता को बढ़ाया जा सके।
6. अनुसंधान साधारणत: क्रमबद्ध और परिष्कृत विधि भी होती है तथा यह एक उपकरण भी होता है जिसका उपयोग कर हम उद्देश्यों की पूर्ति करते हैं।
7. अनुसंधान वस्तुत: समस्याओं से सम्बन्धित होता है और इसके निदान में ही इसका अन्त होता है।

## अनुसंधान का वर्तमान समय में महत्व (Importance of Research)

वर्तमान समय में अनुसंधान का महत्व निम्न प्रकार है -

### 1. विभिन्न विज्ञानों की प्रगति की शक्तिशाली कुंजी है

अनुसंधान से न केवल प्राकृतिक विज्ञानों में ही प्रगति हुई है बल्कि इससे अन्य विज्ञानों विशेषत: सामाजिक विज्ञानों जैसे-शिक्षा शास्त्र, समाज

शास्त्र तथा मनोविज्ञान के क्षेत्रों में भी अत्यन्त क्रान्तिकारी प्रगति तथा अपार वृद्धि एवम् उन्नति हुई है।

### 2. मानव ज्ञान भण्डार को विस्तृत करता है

अनुसंधान के आधार पर नित नवीन वैज्ञानिक तथ्यों, सामान्य नियमों तथा सिद्धान्तों की रचना होती है और पूर्व स्थापित सिद्धान्तों की पुनरावृत्ति तथा पुष्टि नवीन उपकरणों तथा नवीनतम विकसित प्रविधियों द्वारा होती रहती है इस कारण अनुसंधान से मानव ज्ञान-भण्डार दिन-प्रतिदिन विकसित तथा विस्तृत होता रहता है।

### 3. समस्याओं के समाधान का एक प्रबल यंत्र है

अनुसंधान से न केवल सैद्धान्तिक ज्ञान ही विकसित होता है बल्कि इससे अनेक व्यावहारिक समस्याओं के समाधान में भी उल्लेखनीय सहायता प्राप्त होती है जिससे सामाजिक, औद्योगिक, शैक्षणिक, मनोवैज्ञानिक तथा चिकित्सा जैसे क्षेत्रों में अनुसंधान की उपयोगिता सिद्ध हो चुकी है।

### 4. प्रशासन का मार्गदर्शन है

आजकल सामाजिक, औद्योगिक एवम् शैक्षिक संस्थाओं एवम् संगठनों में इनके प्रशासकों के लिए उपयुक्त डेटाओं के अभाव में इनका प्रशासन करने तथा इनके सम्बन्ध में नीतियाँ निर्धारण करने का कार्य अत्यधिक जटिल हो गया है परन्तु विशेष प्रकार के अध्ययनों एवम् अनुसंधानों से प्राप्त निष्कर्षों के आधार पर आवश्यक जानकारी प्राप्त होने पर प्रशासकों को नीति सम्बन्धी प्रकाश मिलता है जिनसे नीति सम्बन्धी अनेक कार्यों में उनका मार्गदर्शन होता है।

### 5. मानव व्यक्तित्व का बौद्धिक विकास

अनुसंधानों से न केवल विभिन्न विज्ञानों का विकास हुआ है बल्कि इनमें मानव व्यक्तित्व का भी अपार बौद्धिक विकास हुआ है। नवीन तथ्यों की जानकारी में अज्ञात के प्रति केवल मानव की जिज्ञासा तथा ज्ञान-पिपासा ही शान्त व सन्तुष्ट नहीं होती है बल्कि उसकी चिन्तन शक्ति, कल्पना शक्ति, विश्लेषण शक्ति तथा सृजनात्मक शक्ति का भी अत्यधिक विकास होता है।

6. पूर्वाग्रहों का निदान एवम् निवारण

अनुसंधान के आधार पर अनेक प्राचीन पूर्वाग्रहों के मूलरूप को समझने तथा उनके उन्मूलन में महत्वपूर्ण सहायता प्राप्त हुई है। अनुसंधान से ही पाश्चात्य तथा पूर्वी सभ्यताओं के मध्य की दीवारों, भ्रान्तियों, मूल्यों तथा आदर्शों को समझने में सहायता मिली है इससे न केवल प्राचीन पूर्वाग्रह ही कम तथा समाप्त हुए हैं बल्कि पारस्परिक सहयोग, सद्‌भावना तथा समर्थन में वृद्धि भी हुई है।

प्रश्न-24 : विशुद्ध एवम् व्यावहारिक अनुसंधान में क्या अन्तर है ? समझाइये ।

नवीन तथ्यों, नियमों, सिद्धान्तों अथवा तथ्यों के अनेक समूह एवम् उन तथ्यों के पारस्परिक सम्बन्ध के लिए परिकल्पना के माध्यम से जो सुव्यवस्थित एवम् संगठित प्रयास करते हैं उसे अनुसंधान कहते हैं। अनुसंधान को अनेक विद्वानों ने अलग-अलग ढंग से परिभाषित एवम् विभाजित किया है। किसी विद्वान ने अनुसंधान को 5 प्रकारों में तथा किसी ने तीन प्रकारों में विभाजित किया है पर वास्तव में उपयोगिता के आधार पर मुख्य रूप से अनुसंधान मात्र दो प्रकार का होता है जो निम्न प्रकार है :-

1. विशुद्ध/मौलिक अनुसंधान (Pure or Basic Research)

विशुद्ध अनुसंधान किसी प्रकार के चिन्तन अथवा प्रत्यक्षीकरण के बिना अनुभव किए जाते हैं वस्तुतः इसमें अन्तर्ज्ञान (Intuition) का प्रभाव अधिक होता है जिसमें बिना किसी चेतना, बुद्धि अथवा प्रत्यक्षीकरण के वस्तुओं की जानकारी प्राप्त होती है। विशुद्ध अनुसंधान किसी उद्देश्य को लेकर नहीं किया जाता है बल्कि निरुद्‌देश्य किया जाता है। इस प्रकार विशुद्ध अनुसंधान वे होते हैं जिनमें व्यापक रूप से प्रायः वैज्ञानिक तथ्यों, नियमों एवम् सिद्धान्तों की खोज की जाती है। प्रायः ऐसे अनुसंधान में सैद्धान्तिक ज्ञान की खोज पर अधिक बल दिया जाता है तथा इस प्रकार के अनुसंधान से प्राप्त सैद्धान्तिक ज्ञान की अनुप्रयुक्ति भविष्य में हो सकती है। वर्तमान की समस्याओं से ऐसे अनुसंधान का सम्बन्ध नहीं होता है। विशुद्ध अनुसंधान को मौलिक अनुसंधान या मूल अनुसंधान भी कहते हैं।

**विशेषताएँ (Characteristics)**

(अ) व्यावहारिक समस्याओं के समाधान में सहायता प्रदान करता है।

(ब) सामाजिक घटनाओं एवम् जटिल तथ्यों के बारे में जानकारी प्रदान करता है।

(स) सामाजिक घटनाओं में पाये जाने वाले क्रियात्मक सम्बन्धों का पता चलता है।

(द) व्यावहारिक समस्याओं में पाये जाने वाले केन्द्रीय तत्वों का पता लगता है।

(य) समस्याओं के समाधान हेतु विकल्प प्राप्त होते हैं।

(र) सामान्य नियमों को ज्ञात किया जाता है।

**2. व्यावहारिक अनुसंधान (Applied Research)**

व्यावहारिक अनुसंधान की संज्ञा उसे दी जाती है जिसमें ज्ञान प्राप्ति मानवीय भाग्य के सुधार में सहायता प्रदान कर सके। इस अनुसंधान में विशुद्ध अनुसंधान के परिणाम को व्यावहारिक बनाने का प्रयत्न किया जाता है। ऐसे अनुसंधान का सम्बन्ध प्राय: व्यावहारिक समस्याओं के वर्तमान समय के समाधान से रहता है अत: इस प्रकार के अनुसंधान का ध्येय स्पष्टत: उपयोगितावादी होता है तथा उसके परिणामों को तत्काल ही उपयोग में लाया जा सकता है। क्रियात्मक अनुसंधान, अभिप्रेरणात्मक अनुसंधान, सामाजिक अनुसंधान, औद्योगिक अनुसंधान, मनोचिकित्सा अनुसंधान आदि इसी प्रकार के अनुसंधान के अन्तर्गत आते हैं। इस प्रकार के अनुसंधान से वर्तमान की समस्याओं का समाधान करना होता है तथा प्रशासक, प्रबन्धक तथा शिक्षक को ऐसे अनुसंधान के परिणामों से यह पता लगता है कि उनके क्षेत्र की एक समस्या से समाधान का कौन-सा सर्वोत्तम उपाय है। अत: यह अनुसंधान नीति निर्धारण में अत्यन्त उपयोगी एवम् महत्वपूर्ण होता है इसलिए इसे उपयोगितावादी अनुसंधान भी कहते हैं।

**विशेषताएँ (Characteristics)**

1. व्यावहारिक अनुसंधान नवीन तथ्य प्रदान करता है।
2. व्यावहारिक अनुसंधान सिद्धान्त को कसौटी पर कस सकता है।

3. यह धारणा सम्बन्धी स्पष्टीकरण में सहायक है।

4. यह पहले से विद्यमान सिद्धान्त को एकीकृत कर सकता है।

## विशुद्ध एवम् व्यावहारिक अनुसंधान में अन्तर (Difference)

यद्यपि विशुद्ध अनुसंधान एवम् व्यावहारिक अनुसंधान पारस्परिक रूप से अलग-अलग हैं परन्तु व्यावहारिक रूप से वे एक दूसरे पर आश्रित भी हैं क्योंकि विशुद्ध अनुसंधान में जो निष्कर्ष प्राप्त होता है उसका ही अनुप्रयोग करके व्यावहारिक अनुसंधान की ओर अग्रसित हुआ जाता है। विशुद्ध अनुसंधान जिन तथ्यों, नियमों एवम् सिद्धान्तों की रचना करता है व्यावहारिक अनुसंधान उनका उपयोग दैनिक जीवन की समस्याओं के समाधान में करता है। व्यावहारिक अनुसंधान करने के समय विशुद्ध अनुसंधान से सम्बन्धित तथ्य भी सामने आते हैं। विशुद्ध अनुसंधान में बौद्धिक क्रियाकलाप एवम् जिज्ञासा निहित होती है जबकि व्यावहारिक अनुसंधान में विशुद्ध अनुसंधान की सहायता से किसी उद्देश्य की पूर्ति, सहायता प्राप्त करने और किसी कार्य को शीघ्रातिशीघ्र करने की दृष्टि से सम्पादित किया जाता है। व्यावहारिक अनुसंधान का सम्बन्ध प्रायः व्यावहारिक समस्याओं के वर्तमान समय के समाधान से रहता है तथा जो नीतियों के निर्धारण में अत्यन्त उपयोगी एवम् महत्वूपर्ण होता है।

विशुद्ध अनुसंधान के उदाहरण के रूप में **फेंकले** द्वारा की गई **विद्युत की खोज** अथवा **आइन्सटीन** द्वारा की गई **सापेक्षता सिद्धान्त की खोज** के नाम दिये जा सकते हैं। ये अनुसंधान तत्कालीन बौद्धिक अनुसंधान के ज्वलंत प्रमाण हैं जो मात्र ज्ञान पिपासा के कारण हैं। **आइन्सटीन** के विशुद्ध अनुसंधान को आधार बनाकर **अणुबम** बनाने का जो अनुसंधान कार्य किया जा रहा है वह व्यावहारिक अनुसंधान की श्रेणी में आता है।

## प्रश्न-25 : अन्तर्विषयी (Interdisciplinary) अनुसंधान की आवश्यकता क्यों होती है ? समीक्षा कीजिए ।

प्रत्येक विज्ञान का अध्ययन करने की विधियाँ अलग-अलग होती हैं उनका अपना इतिहास होता है अपनी स्वयं की मौलिक धारणायें, स्वयं की शब्दावली और स्वयं का अनुशासन होता है। जब हम किसी अनुसंधान में विभिन्न विज्ञानों के सिद्धान्तों एवम् पद्धतियों का प्रयोग करते हैं तब इस

अनुसंधान को अन्तर्विषयी अनुसंधान (Inter-disciplinary Research) कहते हैं। अन्तर्विषयी अनुसंधान में विभिन्न विज्ञानों के विशेषज्ञ अपनी-अपनी सेवाओं को इस प्रकार देते हैं ताकि उनकी विधियों में एकीकरण हो सके। बिना समन्वय के हम उसे सहकारी पद्धति के नाम से नहीं पुकार सकते। जिस प्रकार किसी ऑरकेस्ट्रा में अलग-अलग वाद्य यंत्र काम करते हुए भी एकता स्थापित करते हैं ठीक उसी प्रकार अन्तर्विषयी अनुसंधान में मनोवैज्ञानिक, अर्थशास्त्री, समाजशास्त्री, राजनीति विज्ञानवेत्ता, भूगोलविद् अपने-अपने विज्ञान के अनुशासन का पालन करते हुए समन्वय स्थापित करने का प्रयास करते हैं।

अन्तर्विषयी अनुसंधान द्वारा विविध उपागमों तथा विषयात्मक दृष्टिकोणों से समस्या का समुचित और सर्वांगीण अध्ययन करना सम्भव होता है। ऐसे अनुसंधान से व्यक्तिगत पक्षपातों और विशेष रूप से एकपक्षीय स्पष्टीकरणों को रोका जा सकता है। जब अध्ययन की समस्या का सम्बन्ध अनेक विषयों से होता है तब उनकी पद्धतियों को समस्या विशेष में लागू कर एक समुचित हल निकाला जाता है।

## अन्तर्विषयी अनुसंधान की आवश्यकता (Need of Inter-disciplinary Research)

आजकल अन्तर्विषयी अनुसंधान की आवश्यकता क्यों है इसके कुछ कारण हैं जो निम्नांकित हैं –

### 1. कोई भी विज्ञान पूर्ण नही है (No science is complete)

कोई भी विज्ञान अपने आप में पूर्ण नहीं होती है और ना ही कोई विज्ञान इस बात का दावा कर सकती है कि सभी समस्याओं के हल उसके पास हैं। **केलाग** का मत है कि "अनेक क्षेत्रों में वैज्ञानिक भी एक सामान्य व्यक्ति के समान है यदि वह उसमें प्रयुक्त सामान्य वैज्ञानिक विधि के गूढ़ अर्थ को जाने बिना केवल अपने निजी क्षेत्र की वैज्ञानिक प्रक्रिया का उपयोग करता है तो वह इस क्षेत्र में किसी भी अन्य व्यक्ति के समान ही घोर परम्परावादी है"। कहने का तात्पर्य यह है कि अन्तर्विषयी अनुसंधान पद्धति द्वारा अन्य विज्ञानों की सहायता लेना आवश्यक एवम् उपयोगी है।

**2. समस्त विज्ञानों का केन्द्र मनुष्य ही है (Man is the foci of all Sciences)**

समस्त विज्ञानों का सम्बन्ध मानव और उसके समाज से है। समस्त नवीन प्रयोग एवम् अनुसंधान मात्र मानव-कल्याण के लिए ही किए जा रहे हैं इसी प्रकार सामाजिक विषयों का वैज्ञानिक पहलू है। आर्थिक क्षेत्र में प्रगति केवल आर्थिक साधनों पर ही निर्भर नहीं करती । आर्थिक प्रगति में एक वैज्ञानिक का बहुत महत्वपूर्ण योगदान होता है। वह नवीन साधनों के आविष्कार कर आर्थिक विकास में उत्पन्न बाधाओं को दूर कर सकता है। एक समाजशास्त्री उन विरोधी सामाजिक तत्वों के कारणों को दूर कर आर्थिक समृद्धि में योग दे सकता है। अत: एक समस्या को सुलझाने के लिए अनेक विज्ञानों से सहयोग की आवश्यकता रहती है।

**3. घटनाएँ एक दूसरे को प्रभावित करती हैं (Incidents attract each other)**

सामाजिक विज्ञानों में विभिन्न घटनाएँ एक दूसरे को प्रभावित करती हैं अत: इन्हें अलग-अलग कर अध्ययन करना असम्भव है। भौतिक शास्त्र एवम् रसायन शास्त्र में तो कुछ सीमा तक विशिष्टीकरण सम्भव भी हो सकता है परन्तु सामाजिक, आर्थिक, मनोवैज्ञानिक तथा ऐतिहासिक घटनाओं में नहीं। सामाजिक परिवर्तन एक संयुक्त घटना है जिसमें लगभग सभी व्यक्ति प्रभाव डालते हैं अत: इन कारकों को अलग-अलग करके अध्ययन करना सम्भव नहीं है। इसलिए अन्तर्विषयी अनुसंधान आजकल आवश्यक हो रहा है।

**4. अध्ययन में वस्तुपरकता (Objectivity in Research)**

अनुसंधान में वस्तुपरकता लाने के लिए अन्तर्विषयी अनुसंधान आवश्यक है। इस पद्धति द्वारा समस्या का अध्ययन विभिन्न दृष्टिकोणों से हो जाता है जिससे त्रुटि उत्पन्न होने की सम्भावना नहीं रहती। इस प्रकार तुलनात्मक अध्ययन से वान्छित फल को प्राप्त किया जा सकता है। अन्तर्विषयी अनुसंधान की सबसे श्रेष्ठ विशेषता यह है कि यह वर्तमान जीवन में जटिल बने हुए मनोवैज्ञानिक एवम् आर्थिक कारकों के अध्ययन तथा विवेचन को सहज बना देता है।

अन्तर्विषयी अनुसंधान की आवश्यकता को देखते हुए इसकी महत्ता को

स्वीकार करना पड़ता है परन्तु इसके विधितंत्र (Methodology) की अनेक समस्याएँ हैं जिनका समन्वय करना एक कठिन कार्य है। लेकिन इन समस्याओं से विचलित एवम् भयभीत होने की आवश्यकता नहीं है। इनको चुनौती मानकर, संगठित होकर उनका सामना करना चाहिए तभी अन्तर्विषयी अनुसंधान उपयोगी हो सकता है।

## प्रश्न-26 : वैज्ञानिक अनुसंधान से आप क्या समझते हैं ?

वैज्ञानिक अनुसंधान में विज्ञान एवम् अनुसंधान का सम्मिश्रण होता है अर्थात् वैज्ञानिक अनुसंधान में विज्ञान एवम् अनुसंधान दोनों सम्मिलित होते हैं। इसलिए विज्ञान एवम् अनुसंधान दोनों शब्दों को अलग-अलग समझना आवश्यक है।

### (अ) विज्ञान (Science) क्या है ?

विज्ञान को परिभाषित करना एक सरल कार्य नही है। विज्ञान वस्तुतः हमारे मस्तिष्क की क्रिया-कलापों का द्योतक होता है अतः इस सन्दर्भ में विज्ञान का सम्बन्ध कला, धर्म, दर्शन, समाज शास्त्र इत्यादि से होता है। **विलियम डेम्पीयर** ने विज्ञान की परिभाषा करते हुए कहा है कि — विज्ञान प्राकृतिक परिघटनाओं तथा और किस ढंग से वे परिघटनाएँ घटित एवम् व्यक्त होती हैं उनके सम्बन्धों के बौद्धिक एवम् तर्कपूर्ण ढंग से अध्ययन को कहते हैं जो इनके क्रमबद्ध ज्ञान को प्रदान करता है। **बर्ट्रान्ड रसैल** ने भी विज्ञान की परिभाषा और व्यापक ढंग से करते हुए कहा है कि विज्ञान मूलत ज्ञान ही होता है अर्थात् वह ज्ञान जो अनेक प्रकार के विशिष्ट तथ्यों को एक साथ सम्बद्ध करता है उसके सामान्य नियमों की जानकारी को विज्ञान कहते हैं। इसी प्रकार **क्राउथर** (Crowther) ने भी विज्ञान की परिभाषा करते हुए स्पष्ट किया है कि- मानव जिन विधियों एवम् शक्तियों से अपनी परिस्थितियों एवम् पर्यावरण पर प्रभुता प्राप्त करने में सफलता प्राप्त करता है उस सुव्यवस्थित क्रियाकलाप को विज्ञान कहा जाता है। इस प्रकार विज्ञान वस्तुतः प्राकृतिक तथ्यों की जानकारी, उनसे सम्बन्धित प्राकृतिक नियमों, सिद्धान्तों तथा प्राकृतिक वस्तुओं के पारस्परिक सम्बन्ध, उनकी परिघटनाओं के कार्य और कारण के ज्ञान को

विज्ञान कहते हैं। विज्ञान वस्तुतः किसी विषय विशेष से सम्बन्धित नहीं है बल्कि किसी विषय के क्रमबद्ध ज्ञान को विज्ञान की संज्ञा दी जाती है जिसके अध्ययन की विधियाँ सुदृढ़ अध्ययन विधियों पर आधारित होती हैं।

## ( ब ) अनुसंधान (Research) क्या है ?

अनुसंधान का तात्पर्य उस अन्वेषण एवम् खोज की श्रेणी एवम् पद्धति को कहते हैं जिसकी सहायता एवम् माध्यम से अनेक प्रकार के अनेक स्रोतों से डेटाओं का संग्रह किया जाता है और संग्रहीत डेटाओं का सूक्ष्म एवम् पूर्ण विश्लेषण तथा पुनर्परीक्षण (Scruitiny) किया जाता है। अतः अनुसंधान का तात्पर्य वस्तुतः सुव्यवस्थित, पुनरावृति एवम् गहन अध्ययन जो डेटाओं के संग्रह में किया जाता है उससे होता है। अनुसंधान एक प्रकार की जिज्ञासा को कहते हैं। इसका मुख्य आशय अन्वेषण, खोज, निर्धारण, निरीक्षण तथा अवलोकन से होता है।

## वैज्ञानिक अनुसंधान क्या है ? (What is Scientific Research ?)

वैज्ञानिक अनुसंधान में विज्ञान और अन्वेषण दोनों सम्मिलित होते हैं। वैज्ञानिक अनुसंधान का तात्पर्य प्राकृतिक परिघटनाओं के पूर्व अनुमानित एवम् मान्यता प्राप्त अभिधारणाओं के सम्बन्धों के परिकल्पनाबद्ध प्रमेयों का क्रमबद्ध, नियन्त्रित, अनुभवजन्य एवम् आलोचनात्मक दृष्टि से अन्वेषण करना होता है। लेकिन वैज्ञानिक अनुसंधान में निम्नांकित तथ्यों पर अधिक जोर दिया जाता है।

1. जब वैज्ञानिक अनुसंधान की धारा उत्पन्न होती है तो उसका तात्पर्य उस क्रमबद्ध एवम् नियन्त्रित विधि से होता है अर्थात वैज्ञानिक अनुसंधान इतना क्रमबद्ध एवम् सुव्यवस्थित होता है कि अनुसंधानकर्त्ता जो कुछ निष्कर्ष निकालता है उसका आलोचनात्मक पहलू सामने आता है।
2. वैज्ञानिक अनुसंधान अनुभवजन्य (Impirical) होता है। यदि अनुसंधानकर्त्ता यह अनुभव करता है अथवा किसी वस्तु की सत्ता को मानता है तो उसको कैसे जाना जाय और अन्य व्यक्ति उसमें विश्वास रखें इसलिए उसका परीक्षण भी करता है। वैज्ञानिक अनुसंधान में आत्मगत विश्वास की अपेक्षा वस्तुनिष्ठ सत्य को अधिक महत्व दिया जाता है।

वैज्ञानिक अनुसंधान में निम्न दो प्रमुख तत्व सम्मिलित होते हैं -

1. **निरीक्षण** जिसके माध्यम से किसी तथ्य का ज्ञान ज्ञानेन्द्रियों के प्रत्यक्षीकरण के माध्यम से प्राप्त किया जाता है।

2. तर्क (Reasoning) जिसके माध्यम से तथ्यों के अभिप्राय और वास्तविक स्वरूप उनके पारस्परिक सम्बन्ध और पूर्व उपलब्ध वैज्ञानिक ज्ञान और अनुसंधान करने की योग्यता प्राप्त की जाती है।

वैज्ञानिक अनुसंधान में निम्न चरणों का अनुसरण किया जाता है।

1. डेटाओं का संग्रह
2. डेटाओं का वर्गीकरण एवम् संगठन
3. रचनात्मक परिकल्पना
4. नियन्त्रित प्रयोगों से सामान्यीकरण अथवा नियमों का सत्यापन करना।
5. अनुसंधान के निष्कर्ष के प्रतिवेदन का सत्यापन करना।
6. सार्वजनिक सूचना एवम् ज्ञान की दृष्टि से निष्कर्षों की घोषणा करना।

**प्रश्न–27 : अनुसंधान विधितंत्र (Research Methodology) से आप क्या समझते हैं ? अनुसंधान की विवरणात्मक विधि की भी विवचेना कीजिए।**

विधितंत्र को अँग्रेजी में Methodology कहते हैं जिसका अभिप्राय वस्तुतः किसी विचारधारा/सत्य अथवा खोज को प्रस्तुत करने की वास्तविक विधि से होता है। जब हम किसी तथ्य अथवा सिद्धान्त की खोज करते हैं तो उसे प्राप्त करने और संस्थापित करने के हमारे क्रियाकलाप इस ढंग से किए जाने चाहिए जिनका अनुसरण करने से हमें वास्तविक तथ्य प्राप्त हो जायें। इसके लिए सुनिश्चित विधियों, प्रविधियों का अनुसरण करना पड़ता है जिसे अनुसंधान विधितंत्र (Research Methodology) कहते हैं।

विधितंत्र प्रामाणिकता के साथ अध्ययन करने तथा अन्वेषण सम्पन्न करने की एक वैज्ञानिक विधि होती है जिसमें उपयुक्त प्रक्रियाओं, विधियों, उपकरणों, गणितीय एवम् सांख्यिकीय विधियों के माध्यम से वस्तुस्थिति को स्पष्ट किया जाता है और सत्य की स्थापना भी की जाती है तथा सिद्धान्तों का प्रतिपादन किया जाता है। इस प्रक्रिया में समस्या का चयन, डेटाओं का संग्रहण

एवम् विश्लेषण, परिकल्पना का विश्लेषण एवम् सत्यापन तथा अन्य प्रक्रियाएँ तथा विधियाँ सम्मिलित होती हैं। इस सम्पूर्ण प्रक्रिया को अनुसंधान विधितंत्र (Research Methodology) कहते हैं।

अनुसंधान के अध्ययन एवम् अन्वेषण के लिए वैसे तो अनेक विधियाँ हैं लेकिन तीन प्रकार की विधियों को अधिक महत्व दिया गया है जो अनुसंधान की वैज्ञानिक, प्रामाणिक तथा सुव्यवस्थित विधियाँ मानी गई हैं। ये विधियाँ सार्वभौमिक हैं तथा इनका उपयोग सर्वत्र किया जाता हैं इनमें विवरणात्मक विधि अपना विशेष महत्व रखती है।

## विवरणात्मक विधि (Descriptive Method)

हम जानते हैं कि अनुसंधान की ऐतिहासिक विधि में अतीत की खोज की जाती है लेकिन विवरणात्मक विधि में इसके विपरीत होता है क्योंकि यह वर्तमानोन्मुख होता है जिसका अस्तित्व वर्तमान स्थितियों एवम् उनके सम्बन्धों से होता है। इसका सम्बन्ध वे परम्पराएँ, आचार-विचार, विश्वास, दृष्टिकोण जो वर्तमान में प्रचलित होते हैं उनसे होता है। साथ ही जो प्रक्रियाएँ चल रही होती हैं तथा वे प्रभाव जिनका अनुभव किया जाता है और वे प्रवृत्तियाँ जो वर्तमान में विकसित होती हैं उनसे विवरणात्मक अनुसंधान की विधि से सम्बन्ध होता है। अतः अनुसंधान की दृष्टि से अनुसंधानकर्ता के लिए जिन तथ्यों की आवश्यकता पड़ती है जिनसे समस्याओं का निदान हो सकता है इन तथ्यों को उपलब्ध न होने की स्थिति में भी तथ्यों की स्थितियों को और पद्धतियों से तथ्यों को संग्रहीत किया जा सकता है और उनकी व्याख्या तथा विश्लेषण भी किया जा सकता है।

अनुसंधान की विवरणात्मक विधि को सर्वेक्षण विधि भी कहते हैं। इस प्रकार के अनुसंधान में किसी प्रयोग की आवश्यकता नहीं होती है। इस विधि में किन्हीं सम्बन्धित कारकों को खोज निकालना होता है वे किस मात्रा में प्रभावकारी रहेंगे यह निश्चित करना पड़ता है।

विवरणात्मक विधि भी एक प्रकार का विज्ञान है वस्तुतः यह तथ्यों की एक विशिष्ट प्रकार की व्याख्या एवम् विश्लेषण को कहते हैं जिसके अन्तर्गत अनुसंधान के उद्देश्य की व्याख्या तथा उसके विवरण का महत्व निहित होता है। इस विधि का उपयोग भौतिकीय एवम् प्राकृतिक विज्ञानों में भी होता है

लेकिन मानविकी विषयों तथा सामाजिक विज्ञानों में तो इसका उपयोग सर्वाधिक होता है क्योंकि इसके अन्तर्गत मानव क्रियाकलापों के अनेक तथ्यों का विश्लेषण एवम् व्याख्या करनी पड़ती है।

**विवरणात्मक अनुसंधान विधि के प्रकार ( Types of Descriptive Method )**

विवरणात्मक विधि मुख्य रूप से निम्न प्रकार की होती है -

**( अ ) सर्वेक्षण अध्ययन (Survey Studies)**

अनुसंधान की विवणात्मक विधि सामान्यतया वर्तमान में व्यवहारपरक विज्ञानों (Behavioural Sciences) के क्षेत्र में अधिक प्रयोग में लाई जाती है। इस प्रकार की विधि में डेटाओं का संग्रह तथा स्थिति का विवरण तुलनात्मक दृष्टि से अध्ययन किया जाता है। इसमें तथ्यों का संग्रह निम्न विधियों के अनुप्रयोग द्वारा किया जाता है।

1. प्रश्नावली विधि (Questionnaire)
2. साक्षात्कार विधि (Interview method)
3. मानकीकृत परीक्षण (Standardized Tests)
4. सूचनाओं का विश्लेषण (Analysis of Data)

**( ब ) वैयक्तिक अध्ययन (Case Studies)**

इस विधि में नमूनों की विशेषताओं का अध्ययन अत्यधिक मात्रा में नमूनों की अपेक्षा मात्र एक ही नमूना लेकर अध्ययन करने पर बल दिया जाता है। व्यवहारपरक विज्ञानों में इसका सर्वाधिक उपयोग किया जाता है जैसे - समाज शास्त्र, शिक्षा शास्त्र, मानव शास्त्र यहाँ तक कि चिकित्सा शास्त्र में। वैयक्तिक अध्ययन में निम्न तीन प्रकार की पद्धतियों का अधिक प्रचलन होता है।

1. नैदानिक विधि (Clinical Method)
2. जीवनीपरक विधि (Biographical Method)
3. विकासशील अध्ययन (Developmental Studies)

निष्कर्ष के रूप में हम यह कह सकते हैं कि अनुसंधान की विवरणात्मक

विधि को वैज्ञानिक लोग उत्तम एवम् उच्चकोटि की विधि नहीं मानते हैं फिर भी इस विधि के डेटाओं का संकलन करना अत्यधिक महत्वपूर्ण माना जाता है तथा सूचना-संग्रहण की दृष्टि से भी इसे महत्वपूर्ण माना जाता है।

**प्रश्न-28 : अनुसंधान समस्या से सम्बन्धित डेटाओं का संग्रह करने के महत्वपूर्ण उपकरणों का नामोल्लेख कीजिए।**

किसी समस्या से सम्बन्धित डेटाओं का संग्रह करना अनुसंधान प्रक्रिया का अत्यन्त महत्वपूर्ण चरण है। वैज्ञानिक अध्ययन का तो डेटाओं का संकलन एक सुदृढ़ आधार माना जाता है यद्यपि वैज्ञानिक अनुसंधान का इसे प्रथम चरण कहा गया है फिर भी गैर-वैज्ञानिक विषयों में भी इसका महत्व कम नही है। डेटाओं को संग्रह करने का तात्पर्य समस्या से सम्बन्धित किसी सुदृढ़ विधि या योजना के अनुसार निरीक्षणों को, जो मानव द्वारा अपनी ज्ञानेन्द्रियों के माध्यम से प्राप्त किए जाते हैं डेटाओं का संग्रहण कहा जाता है। डेटाओं के संग्रहण की आवश्यकता किसी अनुसंधान की समस्या से सम्बन्धित परिकल्पना की रचना के पश्चात् उसके परीक्षण के लिए होती है।

**डेटाओं के संग्रहण के महत्वपूर्ण उपकरण (Important Tools for Data Collection)**

जिस प्रकार एक मैकेनिक को किसी मशीन या इंजिन को ठीक करने के लिए अपने यन्त्र बाक्स (Tool Box) में से एक उपयुक्त यन्त्र की खोज करनी पड़ती है ठीक उसी प्रकार अनुसंधान के अन्तर्गत किसी समस्या के अध्ययन हेतु अनुसंधानकर्ता को एक ऐसे उपकरण का चयन करना पड़ता है जिसके आधार पर विश्वसनीय, वैध तथा उपयोगी डेटा संग्रहीत किये जा सकें। डेटाओं के संग्रह करने की अनेक विधियाँ प्रचलन में हैं। भौतिक विज्ञानों में तथा मनोविज्ञान के क्षेत्र में अनुसंधान में डेटाओं के संग्रह में अधिकांशतः प्रायोगिक पद्धति के अतिरिक्त अन्य उपकरणों का व्यापक उपयोग करना पड़ता है। इनमें से डेटा संग्रहण के कुछ महत्वपूर्ण उपकरण निम्न प्रकार हैं -

1. प्रेक्षण
2. साक्षात्कार
3. अनुसूची

4. प्रश्नावली
5. समाजमिटी

   (अ) समाजमितीय पसंद (Sociometric Choices)

   (ब) समाज आरेख (Sociogram)
6. अन्तर्वस्तु विश्लेषण (Content Analysis)
7. विकासात्मक विधियाँ (Developmental Methods)

   (अ) वैयक्तिक अध्ययन (Case Study)

   (ब) वैयक्तिक इतिहास (Case History)
8. वस्तुपरक परीक्षण (Objective Tests)

   (अ) निर्धारण मापनी (Rating Scale)

   (ब) पदांकन मापनी (Rankign Scale)

   (ग) जाँच सूची (Check List)

   (घ) प्राप्तांक पत्रक (Score Cards)
9. मनोवैज्ञानिक परीक्षण (Psychological Tests)

   (अ) बुद्धि परीक्षण (Intelligence Tests)

   (ब) योग्यता परीक्षण (Aptitude Tests)

   (स) अभिरुचि तालिका (Interest Inventory)

   (घ) व्यक्तित्व परीक्षण (Personality Tests)
10. अभिवृत्ति मापनियाँ (Attitude Scales)

    (अ) सम-अन्तराल विधि (Equal-Interval Method)

    (ब) योग निर्धारण विधि (Summated Rating Method)

    (स) गटमैन का स्केलोग्राम (Gutman's Scalogram)
11. प्रायोगिक विधि (Experimental Method)

इस प्रकार हम देखते हैं कि अनुसंधान की समस्या से सम्बन्धित डेटाओं के संग्रहण करने की उपरोक्त विधियों एवम् उपकरणों में से आवश्यकतानुसार उपयोग में लाई जा सकती है।

**प्रश्न-29 : एक उत्तम अनुसूची में क्या विशेषताएँ होती हैं ? समझाइये ।**

**अनुसूची** (Schedule) अनुसंधान से सम्बन्धित आकड़े एकत्रित करने का एक अति प्रचलित उपकरण है। शैक्षिक तथा समाजशास्त्रीय अध्ययनों में इसका विशेष रूप से उपयोग किया जाता है। अनुसूची प्रश्नों की एक लिखित सूची होती है जो अध्ययनकर्ता द्वारा अध्ययन विषय को ध्यान में रखकर बनाई जाती है। इसमें अनुसंधानकर्ता स्वयं घर-घर जाकर प्रश्नों के उत्तर प्रत्यक्ष रूप से प्राप्त करता है तथा सूची को स्वयं अपने आप भरता है।

**परिभाषाएँ (Definitions)**

1. अनुसूची प्रायः प्रश्नों की ऐसी प्रयुक्त तालिका होती है जिसके प्रश्नों के उत्तर साक्षात्कारकर्ता आमने-सामने की स्थिति में दूसरे व्यक्ति से पूछता है तथा उन्हें सूची में स्वयं भरता है। — गुडे तथा हॉट्ट
2. अनुसूची तथ्यों को प्राप्त करने हेतु एक औपचारिक पद्धति का प्रतिनिधित्व करती है जो वैषयिक स्वरूप में है तथा जो सरलता से पता लगाने योग्य है। यह अनुसंधानकर्ता द्वारा स्वयं भरी जाती है। — बोगार्ड्स
3. अनुसूची एक ऐसी प्रविधि है जिसे विशेष रूप से सर्वेक्षण प्रणाली के अन्तर्गत क्षेत्रीय सामग्री एकत्र करने में प्रयोग किया जाता है। — एम.एच. गोप्पल

**उत्तम अनुसूची की विशेषताएँ (Characteristics of a Good Schedule)**

वैज्ञानिक मापदण्डों के आधार पर वही अनुसूची उत्तम मानी जा सकती है जिसमें प्राप्त निष्कर्षों का विश्वसनीयता गुणांक तथा वैधता गुणांक उच्च स्तर का हो। एक उत्तम अनुसूची में निम्न विशेषताओं का होना आवश्यक है।

**1. संरचित स्वरूप वाली अनुसूची** - यदि अनुसूची का स्वरूप संरचित है तो इससे वस्तुपरक डेटाओं के संकलन की विशिष्ट सुविधा सुलभ रहती है तथा इसके वर्गीकरण एवम् सारणी बनाने में विशेष सुगमात रहती है तथा उनका विश्लेषण भी सुविधाजनक रहता है।

**2. प्रश्नों का स्वरूप क्रमबद्ध, वस्तुपरक तथा तर्कसंगत होना चाहिए** — अनुसूची में प्रस्तुत प्रश्नों का स्वरूप क्रमबद्ध होना चाहिए अथवा सरल से जटिल प्रश्नों की ओर अग्रसर होना चाहिए। इससे उत्तरदाता को अपने प्रश्नों का उत्तर देने में सुगमता रहती है। प्रश्नों का स्वरूप प्रतिबन्धित भी होना चाहिए जिससे इनके वस्तुपरक ऑकलन में कोई कठिनाई न हो। इसके साथ ही साथ प्रश्नों का सम्बन्ध मुख्य रूप से अध्ययन समस्या पर केन्द्रित रहना चाहिए। इन सबसे निश्चित क्रमबद्ध एवम् विश्वसनीय डेटाओं के संकलन में आवश्यक सहायता मिलती है।

**3. प्रश्नों की भाषा सरल, स्पष्ट तथा बोधगम्य होनी चाहिए** — अनुसूची के प्रश्नों की भाषा प्रायः प्रचलित भाषा होनी चाहिए तथा प्रश्नों का स्वरूप सरल, स्पष्ट तथा बोधगम्य होना चाहिए। अनुसूची में जटिल, बहुअर्थी तथा भ्रामक शब्दावली का उपयोग नहीं किया जाना चाहिए। अनुसूची की भाषा उपयुक्त रहने से प्रश्नों के उत्तर वैध प्राप्त होते हैं।

**4. प्रश्नों की संख्या पर्याप्त होनी चाहिए** — अनुसूची में प्रश्नों की संख्या सम्बन्धित अनुसंधान समस्या के सन्दर्भ में पर्याप्त (Adequate) होनी चाहिए अथवा न अधिक हो और न कम हो। यदि प्रश्नों की संख्या आवश्यकता से अधिक रहती है तब उत्तरदाता उनके उत्तर देते-देते ऊबने लगता है। लेकिन प्रश्नों की संख्या कम होने पर कुछ आवश्यक सूचना छूटने की आशंका रहती है। अतः अनुसूची में जब प्रश्नों की संख्या पर्याप्त रहती है तब उससे उसके विश्वसनीयता गुणांक में सामान्यतया वृद्धि होती है। साधारणतया प्रश्नों के पूछने का कुल समय 30 मिनट से अधिक नहीं होना चाहिए।

**5. अनुसूची की प्रशासन प्रक्रिया मानकीकृत** — अनुसूची के द्वारा समस्त उत्तरदाताओं से समान स्थितियों अथवा मानकीकृत दशाओं में ही सूचना संकलन का कार्य सम्पन्न किया जाना चाहिए। इससे भी अनूसूची द्वारा प्राप्त डेटाओं की विश्वसनीयता गुणांक में निश्चित वृद्धि होती है।

**6. अनुसूची का भौतिक स्वरूप** — अनुसूची का स्वरूप तथा आकार मानक रूप में तथा आकर्षक होना चाहिए। उसमें कुछ आवश्यक टिप्पणियाँ लिखने हेतु मार्जिन पर पर्याप्त स्थान भी खाली रहना चाहिए। अनुसूची हेतु प्रयुक्त किये गये कागज अच्छी किस्म का, उस पर लिखे गये प्रश्न आकर्षक लिखावट में होने चाहिए।

इस प्रकार हम निष्कर्ष रूप में हम कह सकते हैं कि अनुसूची की विशेषताओं के सन्दर्भ में यह अतिआवश्यक हो जाता है कि अनुसंधान को वैज्ञानिक रूप प्रदान करने के लिए अनुसूची की रचना पर विशेष बल तथा ध्यान दिया जाना चाहिए। इसकी रचना का आधार विचारपूर्वक तथा गहन प्रक्रिया के माध्यम से होना चाहिए। शीघ्रता से रचित की गई अनुसूची के आधार पर केवल अनिश्चित, निरर्थक तथा भ्रामक आकड़े ही संकलित किए जा सकते हैं वैज्ञानिक आकड़े नहीं। अतः अनुसूची के सम्बन्ध में उसकी रचना से सम्बन्धित महत्वपूर्ण बातों को जानना एवम् समझना अत्यन्त आवश्यक होता है।

## प्रश्न-30 : किसी उत्तम प्रश्नावली में क्या विशेषताएँ होनी चाहिए ? विवेचना कीजिए ।

कोई भी अनुसंधानकर्ता अपने अनुसंधान से सम्बन्धित परीक्षण हेतु आवश्यक तथा प्राथमिक डेटाओं का एकत्रीकरण करता है। डेटाओं का संकलन कई विधियों से किया जा सकता है जिसमें प्रश्नावली भी एक विधि है जहाँ प्रश्नावली का अर्थ उस व्यवस्थित तालिका से है जो विषय के सम्बन्ध में सूचनाएँ प्राप्त करने अर्थात् डेटा एकत्रित करने में सहयोग प्रदान करती है। सामाजिक, आर्थिक एवम् राजनैतिक सर्वेक्षण में तथ्यात्मक जानकारी प्राप्त करने के लिए प्रश्नावली विधि को अत्यन्त महत्वपूर्ण माना जाता है। इस प्रकार साधारण रूप में हम कह सकते हैं कि किसी समस्या से सम्बन्धित व्यक्तियों से सूचना प्राप्त करने के लिए बनाए गए प्रश्नों की सुव्यवस्थित सूची को प्रश्नावली की संज्ञा दी जाती है।

आंकड़ों के संकलन हेतु प्रश्नावली विधि में प्रश्नों की सूची सूचना देने वालों के पास डाक द्वारा भेजी जाती है तथा प्रश्नावली में पूछे गए प्रश्नों के उत्तर स्वयं सूचना देने वालों के द्वारा अपने हस्तलेख में प्रश्नावली मे भरे या लिखे जाते हैं। और अध्ययनकर्ता तथा उत्तरदाता आमने-सामने उपस्थित नहीं होते हैं। अतः कहा जा सकता है कि प्रश्नावली एक ऐसा प्रपत्र होता है जिसको उत्तरदाताओं के पास प्रायः डाक द्वारा प्रेषित किया जाता है तथा जिसमें उत्तरदाता द्वारा अपना स्वयं मूल्यांकन किया जाता है।

## उत्तम प्रश्नावली की विशेषताएँ (Characteristics of a good Questionnaire)

किसी अध्ययन एवम् अनुसंधान से सम्बन्धित प्रश्नावली में निम्न विशेषताएँ होनी चाहिए तब ही वह एक उत्तम प्रश्नावली मानी जा सकती है।

**1. अध्ययन की समस्या का महत्वपूर्ण स्वरूप (The problem should be in important form)**

जब तक प्रश्नावली से सम्बन्धित अध्ययन की समस्या का स्वरूप सैद्धान्तिक एवम् व्यावहारिक दृष्टिकोण से महत्वपूर्ण नहीं होता सूचना देने वाले उत्तरदाता उसके प्रश्नों का उत्तर देने में रुचि नहीं लेते। अगर उत्तर देते भी हैं तो अनमने होकर देते हैं तब ऐसे उत्तरों की विश्वसनीयता पर दूषित प्रभाव पड़ता है।

**2. प्रश्नों की संख्या उपयुक्त हो (The number of questions should be balanced)**

प्रश्नावली में प्रश्नों की संख्या अधिक नहीं होनी चाहिए। यदि प्रश्न बहुत अधिक होंगे तो उत्तरदाता नीरस होकर उत्तर देगा और यदि प्रश्नों की संख्या कम है तो इससे महत्वपूर्ण प्रश्नों के छूट जाने की सम्भावना बनी रहती है।

**3. प्रश्नों का स्वरूप मिश्रित हो (Nature of the Questionnaire should be Mixed)**

एक उत्तम प्रश्नावली में सभी तरह के प्रश्न होने चाहिए जैसे कुछ प्रश्न असंरचित, प्रतिबन्धित, निर्धारण सम्बन्धी, पदांकन सम्बंधी तथा चित्रमय आदि। इससे प्रश्नावली का स्वरूप सन्तुलित, रुचिकर तथा मनोरंजक होकर मिश्रित रूप ले लेता है।

**4. प्रश्नों की भाषा सरल, स्पष्ट एवम् निष्पक्ष हो (Language of questions should be simple, clear and unbiased)**

एक उत्तम प्रश्नावली की भाषा का सरल एवम् स्पष्ट होना अत्यधिक महत्वपूर्ण होता है।

**5. प्रश्नों की प्रकृति उपयुक्त हो (Nature of questions should be Appropriate)**

प्रश्नों की प्रकृति को उपयुक्त तथा समुचित रखने के लिए यह आवश्यक होता है कि इसमें ऐसे प्रश्नों की रचना नहीं हो जिनका स्वरूप अस्पष्ट, संदेहपूर्ण, द्विअर्थक, पथप्रदर्शक आदि हो।

**6. प्रश्नों का क्रम तर्कसंगत हो (Logical sequence of the questdions)**

प्रश्नों के क्रम में तर्कसंगता लाने के लिए यह आवश्यक है कि प्रश्नों का क्रम सरल से विषम की ओर, सामान्य से विशिष्ट की ओर, औपचारिक से अनौपचारिक की ओर तथा अवैयक्तिक से व्यक्तिगत प्रश्नों की ओर अग्रसर होना चाहिए।

**7. प्रश्नावली का विश्वसनीयता गुणांक उच्च स्तर का हो (Reliability Index of the Questionnaire should be of high level)**

उत्तम प्रश्नावली का विश्वसनीयता गुणांक उच्च स्तर का होना आवश्यक है। इसके लिए यह स्वाभाविक है प्रश्नावली के सभी प्रश्नों की सन्दर्भ सीमा केवल अध्ययन समस्या का केन्द्रीय स्वरूप ही हो और ऐसे अध्ययन की समान स्थितियों में बारम्बार अध्ययन की सुविधा उपलब्ध हो जिससे सुसंगत, तुलनात्मक, तथा विश्वसनीय डेटा प्राप्त हो सकें।

**8. प्रश्नावली का भौतिक स्वरूप आकर्षक हो (The physical layout should be Attractive)**

प्रश्नावली के भौतिक स्वरूप जैसे — आकार, मुद्रण, रूप रंग, बनावट आदि श्रेष्ठ एवम् सुन्दर हों। उसमें प्रयुक्त किया गया कागज उत्तम श्रेणी का हो तथा साथ ही संलग्न पत्र एवम् लिफाफा जिसमें प्रश्नावली उत्तरदाता को भेजी जाय सभी भलीभाँति बँधे हुए हों।

**प्रश्न-31 : प्रश्नावली निर्माण करने की रचना/विधि की विवेचना कीजिए ।**

कोई भी अनुसंधानकर्ता अपने अनुसंधान से सम्बन्धित परीक्षण के लिए आवश्यक तथा तर्कसंगत डेटाओं का संकलन करता है। डेटाओं का संकलन

कई विधियों से किया जा सकता है जिसमें प्रश्नावली भी एक विधि है। अपनी समस्या से सम्बन्धित प्रश्नों की प्रश्नावली तैयार करना सरल कार्य नही है। प्रश्नावली की सफलता इस बात पर निर्भर करती है कि इसके निर्माण में क्या सावधानियाँ बरती गई हैं। इसे तैयार करने के लिए विशिष्ट कला की आवश्यकता होती है। प्रश्नावली तैयार करते समय यह उचित होता है कि अनुसंधानकर्ता उन आदर्श तथ्यों की व्यापक रूपरेखा तैयार करे जिन्हें वह प्रश्नों के उत्तरों से प्राप्त करना चाहता है। एक उत्तम प्रश्नावली तैयार करने के लिए उच्चकोटि की योग्यता, दक्षता तथा अनुभव की आवश्यकताा होती है। उत्तरदाताओं से सूचना प्राप्त करने हेतु प्रश्नावली की रचना करते समय निम्न तथ्यों की ओर विशेष रूप से ध्यान देना आवश्यक है।

### 1. अनुसंधान के उद्देश्य का स्पष्टीकरण

सर्वप्रथम अनुसंधानकर्ता को अपना परिचय देना चाहिए तथा अपने द्वारा किए जाने वाले अनुसंधान का उद्देश्य क्या है इसे स्पष्ट कर देना चाहिए।

### 2. प्रश्नावली के प्रश्न

**(अ) उपयुक्त संख्या (Proper Number)** — जहाँ तक सम्भव हो प्रश्नावली में समस्या से सम्बन्धित उपयुक्त संख्या में प्रश्न रखने चाहिए। उनकी संख्या कम से कम हो तथा इतनी कम भी नहीं हो कि वान्छित सूचना प्राप्त न हो सके। इस बात का भी ध्यान रखना चाहिए कि अनावश्यक प्रश्नों का समावेश न हो सके।

**(ब) प्रकृति (Nature)** — प्रश्नावली में पूछे गये प्रश्न सरल, स्पष्ट एवम् सूक्ष्म होने चाहिए। प्रश्न लम्बे, जटिल, द्विअर्थी तथा बहुअर्थी नहीं होने चाहिए। जहाँ तक सम्भव हो प्रश्न वस्तुनिष्ठ होने चाहिए अर्थात् जिनके उत्तर केवल हाँ अथवा नहीं में दिये जा सकते हों।

**(स) क्रम (Seqeunce)** — प्रश्नों को उचित क्रम में रखना चाहिए। प्रश्नों में उचित क्रम होने से उत्तरदाता को उत्तर देने में सुविधा रहती है। एक विषय से सम्बन्धित प्रश्न साथ-साथ होने चाहिए। जैसे- क्या आप विवाहित हैं? आपके कितने बच्चे हैं? उनमें लड़के एवम् लड़कियाँ कितने हैं? वे क्या करते हैं? आदि प्रश्न सही क्रम से हैं। इसी प्रकार का क्रम प्रश्नावली में रखना चाहिए।

(द) भाषा (Languages) — पूछे गए प्रश्नों की भाषा तथा शैली मधुर एवम् सम्मानजनक होनी चाहिए। जहाँ तक सम्भव हो दिखावटी तथा अव्यावहारिक शब्दों का प्रयोग नहीं करना चाहिए। भाषा सरल भी होनी चाहिए जो आसानी से समझ में आ सके।

(य) व्यक्तिगत प्रश्न — ऐसे प्रश्न जिनसे उत्तरदाताओं के आत्मसम्मान, धार्मिक एवम् सामाजिक भावनाओं को आघात लगे नहीं पूछने चाहिए तथा व्यक्तिगत प्रश्न भी नहीं पूछने चाहिए।

### 3. प्रश्नावली सम्बन्धी आवश्यक निर्देश

प्रश्नावली भरने के सम्बन्ध में आवश्यक निर्देश प्रश्नावली में अवश्य प्रस्तुत किए जाने चाहिए। ये निर्देश कम से कम तथा स्पष्ट होने चाहिए जिससे उन पर अमल करना उत्तरदाता के लिए सरल रहे। इस हेतु प्रश्नावली के साथ एक निवेदन पत्र भी लगाया जा सकता है जिसमें सम्पूर्ण निर्देश हों।

### 4. प्रश्नावली की बाह्य-आकृति

प्रश्नावली के गठन में विशेष सावधानी रखनी चाहिए। उत्तर लिखने हेतु पर्याप्त स्थान छोड़ना चाहिए। प्रश्नावली आकर्षक होनी चाहिए इसके लिए उसमें प्रयुक्त कागज, छपाई एवम् व्यवस्थापन आकर्षक होना चाहिए ताकि वह देखने में आकर्षक लगे।

### 5. उत्तरदाताओं की योग्यता

प्रश्नावली में प्रश्नों की सूची बनाते समय उत्तरदाताओं की योग्यताओं का भी ध्यान रखना चाहिए। जिस तरह के व्यक्तियों को प्रश्नावली भेजनी है प्रश्न उसी स्तर एवम् योग्यता के होने चाहिए। उत्तरदाता शिक्षित हैं, कुशल कारीगर हैं, मजदूर हैं, बुद्धिजीवी हैं। इस बात का ध्यान रखते हुए प्रश्न पूछने चाहिए।

### 6. पूर्व-परीक्षण एवम् संशोधन

प्रश्नावली बनाने के बाद एक बार कुछ उत्तरदाताओं से विभिन्न प्रश्नों का पहले ही परीक्षण कर लेना आवश्यक है फिर अनुभव तथा कठिनाइयों के आधार पर प्रश्नावली में आवश्यक संशोधन कर लेना चाहिए। संक्षेप में

प्रश्नावली की रचना विधि को निम्न तीन प्रमुख भागों में विभाजित किया जा सकता है।

(अ) अनुसंधान का उद्देश्य, आवश्यक निर्देश, सहगामी-पत्र, अनुगामी-पत्र आदि।

(ब) उपयुक्त प्रश्न (संख्या में कम, सरल, स्पष्ट, संक्षिप्त, उचित क्रम, उत्तरदाताओं की योग्यता के अनुरूप तथा उनकी भावनाओं को आहत न करने वाले)

(स) प्रश्नावली की बाह्य आकृति।

**प्रश्न-32 : प्रश्नावली तथा अनुसूची के अन्तर को स्पष्ट कीजिए ?**

प्रश्नावली तथा अनुसूची दोनों अनुसंधान कार्य में डेटाओं को एकत्रित करने के महत्वपूर्ण उपकरण होते हैं तथा दोनों का ही उद्देश्य उपयोगी, तर्कसंगत एवम् विश्वसनीय डेटाओं को एकत्रित करना है। दोनों ही अनुसंधानकर्ता के कार्य को संचालित करने में सहायता प्रदान करते हैं इसलिए दोनों में पर्याप्त रूप से समानता है। दोनों में अध्ययन की समस्या के प्रति समान स्वरूप एवम् समान प्रकार के प्रश्नों की सूची सम्मिलित रहती हैं तथा दोनों की रचना करने की प्रक्रिया भी समान ही होती है। दोनों का डेटा एकत्रित करने के लिए व्यवहारपरक विज्ञानों में समान रूप से व्यापक उपयोग किया जाता है। इन आधारों पर इन दोनों में प्रायः इतनी समानता रहती है कि दोनों एक प्राण दो शरीर के समान होते हैं। लेकिन इतनी समानताओं के होते हुए भी इन दोनों के उपयोग में व्यावहारिक रूप से व्यापक अन्तर दिखाई पड़ता है।

**प्रश्नावली तथा अनुसूची में अन्तर (Difference in both)**

प्रश्नावली तथा अनुसूची में निम्न अन्तर होता है —

1. **अध्ययन क्षेत्र का अन्तर** - प्रश्नावली द्वारा अनुसूची की अपेक्षा अधिक व्यापक एवम् विस्तृत क्षेत्रों का अध्ययन सुविधा तथा सरलतापूर्वक सम्पन्न किया जा सकता है क्योंकि इसमें उत्तरदाताओं से डाक सेवा द्वारा सम्पर्क किया जाता है जबकि अनुसूची में अध्ययन क्षेत्र सीमित तथा

संकुचित होता है। इसका कारण यह है कि इसके अन्तर्गत उत्तरदाताओं से व्यक्तिगत रूप से सम्पर्क करने में अधिक शक्ति, श्रम, समय व्यय करना पड़ता है।

2. **समस्या के स्वरूप का अन्तर** — अनुसूची के माध्यम से प्रायः साधारण एवम् दैनिक समस्याओं के अध्ययन की बहुलता रहती है परन्तु प्रश्नावली के माध्यम से अध्ययन के लिए समस्या का स्वरूप अपेक्षाकृत गम्भीर, विशिष्ट एवम् व्यावहारिक तथा सैद्धान्तिक आधार पर उच्च स्तर का होता है।

3. **उत्तरदाताओं के स्तर में अन्तर** — अनुसूची के माध्यम से विभिन्न स्तरों के व्यक्तियों से सूचना-संकलन में कठिनाई नहीं होती क्योंकि इसमें अध्ययनकर्ता स्वयं उत्तरदाता से सम्पर्क करता है और उससे अशिक्षित व आर्थिक दृष्टिकोण से निम्न स्तर के व्यक्तियों से भी सूचना प्राप्त कर लेता है परन्तु प्रश्नावली के द्वारा केवल शिक्षित तथा प्रायः उच्च सामाजिक आर्थिक स्तर के व्यक्तियों से ही सूचना संकलन साध्य रहती है।

4. **प्रतिचयन प्रक्रिया का अन्तर** — अनुसूची के माध्यम से डेटाओं के चयन में यादृच्छीकृत प्रतिचयन प्रक्रिया का सरलतापूर्वक उपयोग किया जा सकता है क्योंकि ऐसे अध्ययन में एक समष्टि के समस्त वर्गों के व्यक्तियों को सम्मिलित किया जा सकता है परन्तु प्रश्नावली द्वारा अध्ययन में यह प्रक्रिया साध्य नहीं होती क्योंकि इसके द्वारा केवल एक विशेष वर्ग (जैसे शिक्षित अथवा धनी वर्ग) के व्यक्तियों का अध्ययन उपयुक्त रहता है।

5. **प्रश्नों का आधार का अन्तर** — अनुसूची के प्रश्नों का स्वरूप संक्षिप्त तथा छोटा रहता है क्योंकि सूचनादाता से सम्पर्क करते समय इनको आवश्यकतानुसार सरलतापूर्वक विस्तृत किया जा सकता है। परन्तु प्रश्नावली के प्रश्नों का स्वरूप व्यापक तथा स्वयं व्याख्यात्मक होता है क्योंकि प्रश्नावली की स्थिति में अध्ययनकर्ता उत्तरदाता के सम्मुख उपस्थित नहीं होता। अतः शब्दों अथवा पदों के रूप को स्पष्ट करने के प्रयास में प्रश्नावली के प्रश्न प्रायः लम्बे हो जाते हैं।

6. **प्रश्नों की भाषा के स्वरूप का अन्तर** — अनुसूची के प्रश्नों की भाषा प्रायः स्थानीय भाषा होती है परन्तु प्रश्नावली के प्रश्नों की भाषा का स्वरूप प्रायः सार्वभौमिक रहता है क्योंकि इसका अध्ययन क्षेत्र प्रायः अत्यधिक विस्तृत रहता है।

7. **उत्तर भरने का अन्तर** — अनुसूची के प्रश्नों के उत्तर अध्ययनकर्ता द्वारा ही भरे जाते हैं जबकि प्रश्नावली के प्रश्नों के उत्तर स्वयं उत्तरदाताओं द्वारा भरे जाते हैं।

8. **सूचना में पक्षपात का अन्तर** — अनुसूची द्वारा सूचना संकलन में पक्षपात की अधिक सम्भावना रहती है क्योंकि अध्ययनकर्ता इस स्थिति में उत्तरदाता के उत्तरों को अपनी उपस्थिति तथा मानसिक स्थिति से निरन्तर प्रभावित करता रहता है। इसके विपरीत प्रश्नावली द्वारा निष्पक्ष उत्तरों की प्राप्ति की अधिक सम्भावना रहती है क्योंकि इस स्थिति में अध्ययनकर्ता उत्तरदाता के सम्मुख नहीं होता और प्रश्नों के उत्तर अपनी इच्छानुसार देता है।

9. **उत्तरदाताओं की संख्या का अन्तर** — अनुसूची द्वारा अध्ययन में अधिक से अधिक सूचनादाताओं से सुविधापूर्वक सम्पर्क स्थापित किया जा सकता है और उत्तर न देने वाले उत्तरदाताओं को भी उत्तर देने के लिए सहमत एवम् प्रेरित कर लिया जाता है परन्तु यह स्थिति प्रश्नावली द्वारा अध्ययन में साध्य नहीं होती। इस कारण प्रश्नावली द्वारा अध्ययन में उत्तरदाता की संख्या अपेक्षाकृत कम ही रहती है और अनुसूची द्वारा अध्ययन में अपेक्षाकृत अधिक रहती है।

10. **धन तथा श्रम में अन्तर** — अनुसूची द्वारा अध्ययन में धन भी अधिक व्यय होता है तथा समय भी अधिक व्यय होता है परन्तु प्रश्नावली के उपयोग में अपेक्षाकृत धन एवम् समय दोनों ही कम लगते हैं।

**प्रश्न-33 : अनुसंधान की वैज्ञानिक विधि को समझाते हुए इसके मुख्य अभिलक्षणों की भी व्याख्या कीजिए ?**

अनुसंधान की **वैज्ञानिक विधि** में जैसा कि इसके नाम से विदित है **विज्ञान** एवम् **अनुसंधान** दोनों का सम्मिश्रण होता है। विज्ञान वस्तुतः प्राकृतिक

तथ्यों की जानकारी, उनसे सम्बन्धित प्राकृतिक नियम, सिद्धान्त तथा उनकी परिघटनाओं के कार्य एवम् कारण के ज्ञान को कहते हैं। विज्ञानपरक अनुसंधान का तात्पर्य प्राकृतिक घटनाओं के पूर्व अनुमानित तथा मान्यता प्राप्त अभिधारणा के सम्बन्धों के परिकल्पनात्मक प्रमेयों का क्रमबद्ध, नियन्त्रित, अनुभवजन्य एवम् आलोचनात्मक दृष्टि से अन्वेषण करना होता है।

प्रत्येक विज्ञान के अध्ययन की अपनी ही वैज्ञानिक पद्धति होती है। साधारणतया प्रत्येक व्यवस्थित, नियन्त्रित एवम् वस्तुनिष्ठ अध्ययन पद्धति वैज्ञानिक कहलाती है। एक वैज्ञानिक पद्धति कितनी वैज्ञानिक है इसका निर्णय सम्बन्धित समस्या एवम् उसके क्षेत्र से होता है। दूसरे शब्दों में एक समस्या के अध्ययन के लिए एक अध्ययन विधि वैज्ञानिक हो सकती है परन्तु दूसरी समस्या के अध्ययन के लिए वही अवैज्ञानिक हो सकती है। इस प्रकार विज्ञान अथवा वैज्ञानिक अध्ययन वह ज्ञान है जो वैज्ञानिक पद्धति के द्वारा प्राप्त किया गया हो। विज्ञान अनुसंधान की एक पद्धति है जिसे वैज्ञानिक पद्धति कहते हैं। व्यवस्थित अथवा क्रमबद्ध खोज ही वैज्ञानिक पद्धति का लक्षण है।

## परिभाषाएँ (Definitions)

1. विस्तृत भाषा में वैज्ञानिक विधि डेटाओं का व्यवस्थित अवलोकन, वर्गीकरण एवम् निर्वचन है। — **लुण्डबर्ग**
2. वैज्ञानिक विधि अन्य विधियों से मूलतः इस बात में भिन्न है कि वह यथासंभव शंका को प्रोत्साहित एवम् विकसित करती है जिससे कि इस शंका अथवा जो कुछ भी शेष रहे वह सदैव सर्वोत्तम प्राप्त साक्ष्य से परिपुष्ट हो सके। — **कोहेन एवम् जागेल**
3. वैज्ञानिक विधि एक सामूहिक पद है जो उन प्रक्रियाओं के विषय में उल्लेख करता है जिनकी सहायता से विज्ञान बनते हैं। — **ब्रिटानिका विश्वकोश**

## वैज्ञानिक विधि के मुख्य अभिलक्षण (Salient Features of Scientific Methods)

वैज्ञानिक विधि के अध्ययन से ज्ञात होता है कि इस विधि की कुछ अपनी ही विशेषताएँ होती हैं जो कि सामान्य अन्वेषण पद्धति में प्रायः नहीं होती हैं वे मुख्य रूप से निम्न होती हैं।

**1. वस्तुनिष्ठता (Objectivity)**

वैज्ञानिक विधि की वस्तुनिष्ठ विशेषता से अभिप्राय यह होता है कि अध्ययन पक्षपात रहित एवम् पूर्वाग्रह रहित होना चाहिए। इस पद्धति से अध्ययन करने वाले व्यक्ति की पूर्वनिर्मित भावनाएँ तथा धारणाएँ उसके अध्ययन को प्रभावित नहीं करने चाहिए। इसमें आत्मपरकता के लिए कोई स्थान नहीं होता है तथा इसके अन्तर्गत जो तथ्य निकलते हैं उनकी पुष्टि जब दूसरे साधनों, व्यक्तियों एवम् वैज्ञानिकों द्वारा भी हो जाती है तभी उनमें वस्तुनिष्ठता की विशेषता पाई जाती है।

**2. सत्यापनीयता (Verifiability)**

वैज्ञानिक विधि की सबसे प्रमुख विशेषता यह है कि उसके द्वारा प्राप्त निष्कर्षों की सत्यता की परीक्षा अथवा जाँच की जा सकती है। कोई भी व्यक्ति समान दशाओं में उन निष्कर्षों की जाँच करके समान परिणामों पर पहुँच सकता है।

**3. निश्चयात्मकता (Definiteness)**

वैज्ञानिक विधि स्पष्ट, निश्चित तथा विशिष्ट होती है। इस विशेषता के कारण वैज्ञानिक अध्ययन में तथ्यों की स्पष्ट परिभाषा की जाती है ताकि उनका सत्यापन किया जा सके। निश्चयात्मकता के द्वारा अनुसंधान की विधि पहले से ही निर्धारित हो जाती है और प्राप्त होने वाले निष्कर्षों का निर्णय सामग्री के विवेचन पर छोड़ दिया जाता है।

**4. सामान्यता (Generality)**

वैज्ञानिक विधि किसी भी नियम के अधिकाशंत यथार्थवादी स्वरूप की सर्वव्यापकता पर अधिक बल देती है। सामान्यता से तात्पर्य है कि जिस तथ्य की वैज्ञानिक खोज की जाए अथवा जो नियम वैज्ञानिक खोज से निर्धारित किये जाऐं वे किसी एक तथ्य पर लागू न होकर समूचे वर्ग अथवा समूह पर लागू हों। समूह पर लागू होने का अर्थ यह नहीं है कि प्रत्येक इकाई पर वह नियम निश्चित रूप से हर स्थिति में लागू हों परन्तु इतना अवश्य है कि जिन विशेष परिस्थितियों के लिए सिद्धान्त का निर्माण हुआ है उनमें वह अवश्य खरा सिद्ध हो सके।

5. भविष्य कथन की क्षमता (Predictability)

वैज्ञानिक विधि कारण और परिणामों के सहसम्बन्ध पर जोर देती है अतः उसमें पूर्वानुमान या भविष्य कथन करने की क्षमता उत्पन्न हो जाती है। वैज्ञानिक तथ्यों, नियमों एवम् सिद्धान्तों की रचना का आधार वैज्ञानिक पद्धति ही होता है अतः ज्ञान की ऐसी रचना के आधार पर एक वैज्ञानिक, एक घटना से सम्बन्धित चरों व स्थितियों के उपस्थित होने पर घटित होने वाले परिणामों के सम्बन्ध में सफलतापूर्वक भविष्यकथन कर सकता है।

6. व्यवस्था अथवा क्रम (System or Order)

वैज्ञानिक पद्धति की अन्तिम विशेषता अनुसंधान से प्राप्त निष्कर्षों को सत्य, निश्चित, सामान्य, निष्पक्ष एवम् भविष्यकथन करने में सक्षम बनाने का मौलिक आधार है प्रत्येक वैज्ञानिक अध्ययन में एक विशिष्ट ढंग अपनाया जाता है। तथ्यों की खोज एक क्रमबद्ध तथा व्यवस्थित प्रणाली के द्वारा की जाती है। किसी भी वैज्ञानिक अध्ययन के लिए किसी व्यवस्था या क्रम को ग्रहण किया जा सकता है।

## प्रश्न-34 : अनुसंधान की वैज्ञानिक पद्धति के प्रमुख चरणों की संक्षेप में व्याख्या कीजिए ?

वैज्ञानिक विधि का तात्पर्य अनुसंधान में विज्ञान का उपयोग करना है जहाँ विज्ञान क्रमबद्ध अध्ययन को कहा जाता है। विज्ञान एक प्रक्रम के रूप में मनुष्य की वह प्रक्रिया है जिसके माध्यम से प्रकृति में निहित महत्वूपर्ण चरों, उनके पारस्परिक सम्बन्धों एवम् उन सम्बन्धों की विशेषताओं की व्याख्या की जाती है। वैज्ञानिक अनुसंधान वह ज्ञान है जो वैज्ञानिक पद्धति के द्वारा प्राप्त किया गया हो। वैज्ञानिक पद्धति ही यह निश्चित करती है कि कोई ज्ञान कला है अथवा विज्ञान। विज्ञान अनुसंधान की एक पद्धति है। व्यवस्थित या क्रमबद्ध खोज ही वैज्ञानिक पद्धति का लक्षण है।

### वैज्ञानिक पद्धति के विभिन्न चरण (Various Steps)

वैज्ञानिक अनुसंधान में खोज प्रारम्भिक कार्य से लेकर निष्कर्षों की प्राप्ति तक कई प्रक्रियाओं से होकर गुजरना पड़ता है ये विभिन्न प्रक्रियाएँ ही वैज्ञानिक पद्धति में क्रम व्यवस्था बनाए रखती हैं। निश्चित व्यवस्था के अनुसार

निर्धारित ये भिन्न-भिन्न प्रक्रियाएँ ही वैज्ञानिक पद्धति के प्रमुख चरण या सोपान कहलाते हैं। विभिन्न विद्वानों ने इन चरणों को अपने-अपने मत के अनुसार व्यक्त किया है। करलिंगर ने पुनः चार चरण बताये हैं जबकि यंग ने छः चरण बताये हैं। साधारण तौर पर वैज्ञानिक पद्धति के निम्न प्रमुख चरण निर्धारित किए जा सकते हैं।

### 1. समस्या का चयन एवम् विश्लेषण (Selection and Analysis of Problem)

अनुसंधान प्रारम्भ करने से पूर्व समस्या का चयन करना आवश्यक है जो अनुसंधान के उद्देश्य को प्रकट करती है। जिस समस्या का अध्ययन करना है सर्वप्रथम उसका भलीभाँति विश्लेषण किया जाता है तथा समस्या से सम्बन्धित सभी प्रकार के विभिन्न तथ्यों की छानबीन की जाती है।

### 2. परिकल्पना का निर्माण (Formation of Hypothesis)

किसी भी लक्ष्य को प्राप्त करने हेतु किसी पूर्वानुमान, प्रचलित विचार अथवा अनुभव के आधार पर ही आगे बढ़ा जा सकता है। अतः अनुसंधान की दिशा निश्चित करने के लिए वैज्ञानिक पद्धति में सर्वप्रथम चयन की हुई समस्या से सम्बन्धित परिकल्पना का निर्माण किया जाता है परिकल्पना वह कथन है जो प्रारम्भिक कल्पनाओं या अध्ययन के आधार को निर्धारित करती है तथा एक वस्तु अथवा तथ्य से दूसरी वस्तु अथवा तथ्य का सम्बन्ध व्यक्त करती है। वास्तव में परिकल्पना ही सम्पूर्ण अध्ययन का आधार है क्योंकि परिकल्पना के परीक्षण के लिए ही सम्पूर्ण अध्ययन किया जाता है।

### 3. अभिकल्प का प्रतिपादन (Formulation of Research Designs)

अनुसंधान कार्य में सही दिशा की ओर उन्मुख होने के लिए अनुसंधानकर्ता को सर्वप्रथम शोध का व्यवस्थित अभिकल्प (रूपरेखा) तैयार करनी होती है। अभिकल्प अनुसंधान की समस्या की प्रकृति एवम् उसके स्वरूप के अनुसार तैयार किया जाता है जिसके अन्तर्गत निर्णय क्रियान्वित करने की स्थिति के पूर्व ही निर्णय निर्धारित करने की प्रक्रिया का संक्षिप्त वर्णन किया जाता है जिसके आधार पर शोधकर्ता अपने अनुसंधान में आने वाली स्थितियों को नियंत्रण में लाता है।

### 4. डेटाओं का संकलन एवं विश्लेषण (Collection and Analysis of Data)

अनुसंधान अभिकल्प का प्रतिपादन करने के पश्चात् समस्या से सम्बन्धित डेटाओं का संग्रहण किया जाता है जो पक्षपात रहित किया जाना चाहिए। इसके बाद डेटाओं का विश्लेषण किया जाता है। डेटाओं के विश्लेषण के आधार पर अनुसंधानकर्ता प्रत्येक प्रतिपादित परिकल्पना का परीक्षण करता है तथा इस निष्कर्ष पर पहुँचने का प्रयास करता है कि कौन-सी परिकल्पना अवलोकन योग्य तथ्यों के अनुकूल है।

### 5. सामान्यीकरण (Generalization)

संकलित डेटाओं के विश्लेषण के आधार पर अनुसंधानकर्ता अन्त में ऐसे तथ्यों का चयन करने में सफल हो जाता है जिनसे या तो उसकी परिकल्पना की पुष्टि हो जाती है या अप्रामाणिक सिद्ध हो जाती है। यदि परिकल्पना प्रामाणिक सिद्ध हो जाती है तो अन्य परीक्षणों के द्वारा उसकी सच्चाई की जाँच की जाती है और अन्ततः सामान्य नियम का निरूपण किया जाता है जिससे परिकल्पना का सामान्यीकरण हो जाता है। जहाँ सामान्यीकरण का तात्पर्य प्राप्त निष्कर्षो के आधार पर इस प्रकार व्याख्या करना है कि समान परिस्थितियों में वे समष्टि पर लागू हो सकें।

### 6. प्रतिवेदन लेखन (Report Writing)

वैज्ञानिक पद्धति का यह अन्तिम चरण है। इस चरण में अनुसंधानकर्ता यह विवरण प्रस्तुत करता है कि उसने अपना अध्ययन किस प्रकार सम्पन्न किया है तथा किन्-किन डेटाओं के आधार पर उसने क्या-क्या निष्कर्ष निकाले हैं। सामान्यतः प्रतिवेदन को कुछ सिद्धान्तों के आधार पर तैयार किया जाता है।

इस प्रकार अन्त में कह सकते हैं कि अनुसंधान में समस्या के चयन से लेकर प्रतिवेदन के निर्माण तक वैज्ञानिक विधि में विभिन्न चरणों में अनुसंधान सम्पन्न होता है।

## प्रश्न-35 : डॉ॰ रंगानाथन् द्वारा प्रतिपादित वैज्ञानिक विधि की चक्रीय प्रक्रिया (Spiral of Scientific Method) को भलीभाँति समझाइये ?

डॉ॰ रंगानाथन् की **चक्रिया प्रक्रिया** अनुसंधान की वैज्ञानिक विधि से सम्बन्धित है उनके अनुसार वैज्ञानिक विधि एक चक्राकार गति से आगे बढ़ती है यही उसकी विशेषता है। अनुसंधान की वैज्ञानिक विधियों में प्राकृतिक परिघटनाओं के पूर्व अनुमानित एवम् मान्यता प्राप्त अभिधारणा के सम्बन्धों के परिकल्पनात्मक (Hypothetical) प्रमेयों का क्रमबद्ध, नियंत्रित, अनुभवजन्य (Impirical) एवम् आलोचनात्मक दृष्टि से अन्वेषण करना होता है। वैज्ञानिक अनुसंधान क्रमबद्ध, सुव्यवस्थित एवम् अनुभवजन्य होता है इसमें आत्मगत विश्वास की अपेक्षा वस्तुनिष्ठ सत्यता (Objective truth) को अधिक महत्व दिया जाता है।

इसलिए डॉ॰ रंगानाथन् ने वैज्ञानिक पद्धति की कार्यशीलता को कभी न अन्त होने वाली चक्रीय गति (Spiral Movement) के माध्यम से बड़े सुविधाजनक ढंग से समझाया है और इसके लिए चक्रीय प्रक्रिया का उदाहरण प्रस्तुत किया है जिसके उन्होंने चार मूल बिन्दु (Cardinal Points) बताये हैं। चित्र में चारों बिन्दुओं को समझाया गया है जहाँ पर इन सभी का निम्न अर्थ होता है।

1. **नादिर (Nadir)** — अनुसंधान द्वारा प्राप्त एवम् निश्चित किए गए तथ्य।
2. **आरोहणी (Ascendant)** — अनुभवजन्य तथ्यों से प्राप्त अनुभवजन्य नियमों का संग्रह।
3. **जैनिथ (Zenith)** — अनुभवजन्य नियमों में परिवर्तित मूलभूत नियम।
4. **अवरोहणी (Descendant)** — मूलभूत नियमों में निगमन के माध्यम से प्राप्त नियम।

### चक्रीय प्रक्रिया (Spiral of Scientific Method)

डॉ॰ रंगानाथन् ने पूरे चक्र को 4 पादों (Quadrants) में विभाजित किया है जो घड़ी की गति के समान (Clockwise) आगे बढ़ते हैं।

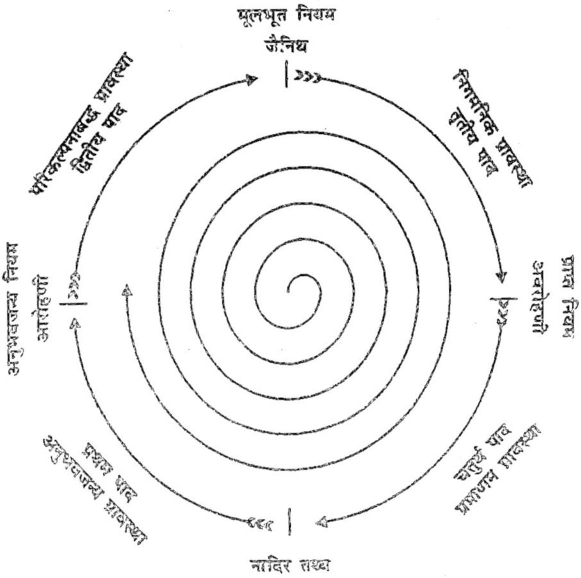


वैज्ञानिक विधि की चक्रीय प्रक्रिया का चित्र

## प्रथम-पाद (First Quadrant)

नादिर तथा आरोहणी के बीच के भाग को प्रथम पाद माना है जिसे **अनुभवजन्य प्रावस्था** (Empirical phase) भी कहते हैं। इसमें अनुसंधानकर्ता अपने पूर्व अनुभवों एवम् विषय ज्ञान के आधार पर समस्या को निर्धारित करता है। इसके अन्तर्गत रंगानाथन् ने तथ्यों के संग्रह में तीव्रता लाने की दृष्टि से बुद्धि के उपयोग की अपेक्षा मशीनों के उपयोग की भूमिका को स्पष्ट किया है। इसमें तर्क के माध्यम से निगमन तर्क (Inductive logic) आदि से सांख्यिकीय आधारों पर तथ्यों को प्राप्त किया जाता है तत्पश्चात् अनुभवजन्य नियमों (Empirical Laws) को सूत्रबद्ध किया जाता है।

## द्वितीय-पाद (Second Quadrant)

आरोहणी से जैनिथ के बीच के भाग को द्वितीय पाद माना है जिसे **परिकल्पनाबद्ध प्रावस्था** (Hypothesising Phase) भी कहते हैं। इसमें अनुसंधानकर्ता प्राथमिक तथ्यों के संग्रह के आधार पर निगमन तर्क एवम् अर्न्तज्ञान (Intuition) के माध्यम से परिकल्पनाबद्ध करता है जो समस्या का अल्पकालिक समाधान होता है।

**तृतीय-पाद (Third Quadrant)**

जैनिथ से अवरोहणी तक के भाग को तृतीय पाद माना गया है जिसे **आगमनिक प्रावस्था** (Deductive Phase) भी कहते हैं। मूलभूत सिद्धान्तों अथवा परिकल्पना में दिये हुए प्राप्त नियमों (Deduced Laws) की सूत्रबद्धता की जाती है तथा अभिलेख तैयार किए जाते हैं।

**चतुर्थ पाद (Fourth Quadrant)**

अवरोहणी से नादिर तक के भाग को चतुर्थ पाद माना गया है जिसे **प्रमाणन** प्रावस्था (Varification Phase) भी कहते हैं। इसमें प्राप्त नियमों का परीक्षण किया जाता है और सभी सम्भावित संकलित तथ्यों के आधार पर सामान्यीकरण किया जाता है।

इस प्रकार हम कह सकते हैं कि वैज्ञानिक विधि एक अन्तहीन चक्रीय प्रक्रिया है अर्थात् वैज्ञानिक अन्वेषण का कभी अन्त नहीं होता है तथा निरन्तर चलता है। यह समस्या का निर्धारण करती है, परिकल्पना को सूत्रबद्ध करती है उनकी जाँच करती है और फिर सामान्यीकरण करती है तथा इस प्रकार यह समस्या का समाधान करती है। कभी-कभी किसी समस्या का हल एक नवीन समस्या उत्पन्न कर देता है तब पुनः वैज्ञानिक विधि की यात्रा अर्थात् कार्य चक्रीय प्रक्रिया पर फिर प्रारम्भ हो जाता है और यह प्रक्रिया आगे निरन्तर चलती रहती है अतः यह अन्तहीन प्रक्रिया है।

## प्रश्न–36 : समाज विज्ञानों में वैज्ञानिक विधि के अनुसरण करने में क्या–क्या कठिनाईयाँ आती हैं ? समझाइये ।

प्रायः सभी प्रकार के अध्ययनों, खोजों एवम् अनुसंधानों में अनुसंधान की एक से अधिक विधियों एवम् उपकरणों की आवश्यकता होती है जिनमें ऐतिहासिक विधि तथा वैयक्तिक अध्ययन विधियों के माध्यम से सम्बन्ध स्थापित किया जा सकता है अथवा अनेक प्रकार के डेटाओं का संग्रह विस्तृत प्रश्नावलियों, अनुसूचियों अथवा अनेक प्रकारों के साक्षात्कारों के माध्यम से किया जाता है तथा उनका विश्लेषण सांख्यिकीय विधियों के माध्यक से किया जाता है ये सभी अनुसंधान की विधियाँ ही कहलाती हैं। लेकिन अनुसंधान की

विधियाँ जितनी भी हैं वे सभी एक प्रकार की नहीं होती हैं तथा किसी अन्य प्रकार की विधि या प्रविधि को सूत्रबद्ध नहीं किया जा सकता है। प्रत्येक अनुसंधान का उद्देश्य अलग होता है तथा जिन परिस्थितियों में अनुसंधान किया जाता है उनका लक्ष्य एवम् विधियाँ भी अनेक होती हैं। कहने का तात्पर्य यह है कि अनुसंधान के उद्देश्य एवम् परिस्थितियों के अनुसार ही अनुसंधान कार्य सम्पन्न करने हेतु उपयोगी विधि का उपयोग किया जाता। यह आवश्यक नहीं है कि सभी विधियाँ सभी जगह उपयोगी एवम् सक्षम हो सकें।

## समाज विज्ञानों में वैज्ञानिक विधि के अनुसरण की कठिनाइयाँ

समाज विज्ञानों को तब तक वैज्ञानिक विषय माना जाता है जब तक कि उनके अध्ययन एवम् अनुसंधान में अन्य वैज्ञानिक विषयों की भाँति वैज्ञानिक विधियों का प्रयोग होता है। वस्तुतः विज्ञान के परिप्रेक्ष्य में यह बात इसलिए उत्पन्न होती है कि विज्ञान को एक विधि की अपेक्षा अध्ययन का एक विषय मान लिया जाता है जबकि विज्ञान का आशय वैज्ञानिक विधियों से होता है। विज्ञान का तात्पर्य वैज्ञानिक विधि से अध्ययन किए जाने वाला विषय माना जाता है। मूलतः विज्ञान का तात्पर्य सुव्यवस्थित ज्ञान और विधियों से होता है जिनसे क्रमबद्ध ज्ञान का अर्जन किया जाता है।

समाज विज्ञान में अनुसंधान करने हेतु मात्र एक ही विधि को स्वीकृत नहीं किया गया है और न ही किसी एक विधि को मान्यता प्राप्त हुई है। समाज विज्ञान में मुख्य रूप से सभी प्रकार की विधियों का अनुसरण किया जाता है। वैज्ञानिक विधि का भी उपयोग किया जा सकता है लेकिन इस विधि का समाज विज्ञान में अनुसरण करने पर कुछ कठिनाइयों का सामना करना पड़ता है। डा. रंगानाथन् ने समाज विज्ञान में वैज्ञानिक विधि के अनुसरण करने में निम्न कठिनाइयों का उल्लेख किया है।

1. समाज विज्ञान में अनुसंधान सदैव मनुष्य को लक्ष्य बनाकर किये जाते हैं अर्थात् मनुष्य स्वयं अध्ययन का विषय होता है जिससे अनेक प्रकार की बाधाएँ उत्पन्न होती हैं। क्योंकि मनुष्य की प्रवृति को उस प्रकार नियन्त्रित नहीं रखा जा सकता जिस प्रकार परिशुद्ध विज्ञान में Object को नियन्त्रित रखा जा सकता है। इसलिए समाज विज्ञानों में मनुष्य की विभिन्न प्रकार की प्रवृत्तियाँ अनुसंधान में वैज्ञानिक विधियों का उपयोग करने से रोकती हैं।

2. **प्रयोग की अवधि (Time period of Experiemnt)** — मनुष्य पर यदि कोई प्रयोग करना है तो उसके लिए अधिक लम्बा समय चाहिए। इस लम्बे समयावधि में परिस्थितियाँ बदल जाती है तथा परिस्थितियों में परिवर्तन होने से डेटाओं के संग्रह करने में बाधाएँ उत्पन्न होती हैं। जैसे- अनेक प्रयोगशालाओं में पशु-पक्षियों पर जो प्रयोग किये जाते हैं वे मनुष्य पर भी लागू किये जाते हैं लेकिन मनुष्य एवम् अन्य छोटे-छोटे जानवरों की कुछ मूल प्रवृत्तियों को छोड़कर अन्य बातों में अन्तर होता है। अतः मानव पर उनके प्रयोग कुछ परिप्रेक्ष्यों में प्रयुक्त हो जाते हैं और कुछ में अनुप्रयुक्त रह जाते हैं।

3. **मानवीय दृष्टिकोण (Human Consideration)** — मानवीय दृष्टिकोण से अर्थ यह होता है कि मनुष्य पर प्रयोग करने के लिए साधारणतया कोई भी व्यक्ति राजी नहीं होता है तथा मनुष्य से सम्बन्धित पूर्णरूप से डेटाओं का संग्रह करने में भी सफल नहीं हो पाता है क्योंकि मानव-व्यवहार की विचित्र स्थितियाँ होती हैं।

4. गणितीय तथ्य (Mathematical Facts) — समाज विज्ञान में सांख्यिकीय एवम् गणितीय तथ्यों के आधार पर प्रत्येक तत्व की वास्तविक स्थिति की घोषणा नहीं की जा सकती। यद्यपि मनोविज्ञान के परिप्रेक्ष्य में, जो समाज विज्ञान का ही विषय है, यह माना जाता है कि मानव के व्यवहार को प्रयोगों के माध्यम से गणितीय एवम् सांख्यिकीय गणना के आधार पर स्पष्ट किया जा सकता है। सभी मनोवैज्ञानिक, मनोविज्ञान के उस पक्ष को मनोविज्ञान नहीं मानते जो गणित के माध्यम से मानव-व्यवहार की भविष्यवाणी नहीं कर सकता। अतः वे मनोविश्लेषण को मनोविज्ञान का अंग नहीं मानते क्योंकि इसमें गणित के आधार पर भविष्यवाणी नहीं की जा सकती।

## प्रश्न–37 : ऐतिहासिक अनुसंधान विधि का महत्व बताते हुए उसकी सीमाओं की भी विवेचना कीजिए ?

इतिहास अतीत का एक विवेचन होता है और तथ्यों के अभिलेखों का मूल्यांकन इतिहासकार आलोचनात्मक ढंग से करता है। सभी समाजों में उसके

अतीत का अध्ययन अपनी महत्वपूर्ण भूमिका का निर्वाह करता है तथा विशेषकर आर्थिक दृष्टि से पिछड़े समाज में परम्पराओं, रीति-रिवाजों, संस्थाओं तथा उसके विकास का अत्यधिक महत्व होता है क्योंकि बिना किसी पृष्ठभूमि एवम् समाज के विकास सम्भव नहीं है, यद्यपि ऐतिहासिक विधि में अतीत का ऐतिहासिक अध्ययन किया जाता है तथापि प्राचीन तथ्य एवम् परम्पराएँ एवम् विचारधाराएँ वर्तमान स्थिति में भी विद्यमान रहती हैं किसी सामाजिक प्रभाव तथा उनके नियमों का उपयुक्त निर्धारण करने हेतु मात्र एक ऐतिहासिक विधि ही उपयुक्त विधि मानी गई है अतः ऐतिहासिक विधि अतीतोन्मुख होती है जिसका उद्देश्य अतीत पर आधारित वर्तमान स्थिति के सत्य और तथ्य को प्रतिपादित करना होता है क्योंकि सामाजिक समस्याओं को समझने के लिए जो वर्तमान को भी प्रभावित करती हैं अतीत की जानकारी करना भी अति आवश्यक होता है।

इस प्रकार ऐतिहासिक अनुसंधान में मुख्य रूप से दो बातें याद रखी जानी चाहिए —

1. जिस समस्या का ऐतिहासिक दृष्टि से अध्ययन करना है वह अन्वेषणीय होनी चाहिए तथा उस पर अनुसंधान करना सम्भव होना चाहिए । ऐतिहासिक अनुसंधान व्यापक होने की अपेक्षा सीमित विषय पर होना चाहिए ।
2. इस अनुसंधान में जो डेटा प्राप्त किए जाते हैं उनकी प्रामाणिकता का आधार होना चाहिए। अतः इतिहासकार गौण स्रोतों की अपेक्षा प्राथमिक स्रोतों पर अधिक आधारित होते हैं इसलिए ऐतिहासिक तथ्यों से निष्कर्ष निकालना अत्यन्त श्रमसाध्य कार्य है।

## ऐतिहासिक विधि का महत्व ( Importance of Historical Method of Research )

सभी समाजों में उसके अतीत का अध्ययन अपनी महत्वपूर्ण भूमिका अदा करता है विशेषकर आर्थिक दृष्टि से कमजोर एवम् पिछड़े समाज में परम्पराओं, रीति-रिवाजों, सामाजिक संस्थाओं तथा उसके विकास का विशेष महत्व होता है यद्यपि प्राचीन तथ्य एवम् परम्पराएँ तथा विचारधाराएँ वर्तमान के परिप्रेक्ष्य में भी विद्यमान रहती हैं। किसी सामाजिक प्रभाव तथा उनके नियमों

का उपयुक्त निर्धारण करने हेतु मात्र अनुसंधान करने की एक ऐतिहासिक विधि ही मानी गई है जिसमें इतिहासकार अथवा अन्वेषणकर्ता तथ्यों के अभिलेखों का मूल्यांकन आलोचनात्मक ढंग से करता हैं। इस प्रकार ऐतिहासिक विधि अतीतोंन्मुखी होती है जिसका मूल उद्देश्य अतीत पर ही आधारित होता है ।

## ऐतिहासिक विधि की सीमाएँ (Limitations of Historical Method of Research)

अनुसंधान की ऐतिहासिक विधि की कुछ सीमाएँ भी होती हैं जो निम्न प्रकार हैं –

1. ऐतिहासिक डेटा जितने ही प्राचीन होते हैं उतनी ही कठिनाई उन्हें खोजने, निश्चित करने एवम् प्रामाणिक सिद्ध करने में होती है। ऐतिहासिक तथ्य पूर्णरूपेण् रूप में हमारे समझ नहीं आते हैं क्योंकि वे इधर-उधर विखरे हुए होते हैं और उनका प्रभाव भी एक साथ नहीं होता है।
2. ऐतिहासिक विधि की सबसे महत्वूपर्ण कमी अभिलेखों को सुरक्षित रखने से सम्बन्धित है। बहुत समय तक ऐतिहासिक अभिलेखों को एक साथ रखा भी नहीं जा सकता है इसके साथ ही डेटाओं को संग्रह करना तत्पश्चात् सावधानी के साथ उन्हें सुरक्षित रखना तथा अनुमान लगाकर उनसे वास्तविक तथ्य निकालना अत्यन्त कठिन हो जाता है। इसीलिए आजकल डेटाओं को सुरक्षित रखने के लिए ऐतिहासिक विधितंत्र का विकास हुआ है।
3. यद्यपि विज्ञान का मुख्य लक्ष्य भविष्यवाणी करना होता है लेकिन इतिहास के परिप्रेक्ष्य में घटनाओं की भविष्यवाणी करना अतीत के आधार पर पूर्ण रूप से नहीं किया जा सकता क्योंकि अतीत की घटनाएँ पूर्व नियोजित रूप से नहीं आती हैं। ऐतिहासिक घटनाओं का विज्ञानों की भाँति किसी नियन्त्रित स्थिति में निरीक्षण नहीं किया जा सकता। अत: ऐतिहासिक विधि में इस प्रकार की कठिनाइयाँ भी उत्पन्न होती हैं फिर भी इतिहासकार कभी-कभी घटनाओं एवम् स्थितियों के आधार पर भविष्यवाणी अच्छा करते हैं।

**प्रश्न-38 : ऐतिहासिक अनंसुधान में किस प्रकार के स्रोत उपयोग में लाये जाते हैं तथा उनकी किस प्रकार और क्यों अलोचना की जाती है ? समझाइये ।**

ऐतिहासिक अनंसुधानकर्ता अपनी समस्या से सम्बन्धित डेटाओं का संकलन करता है। डेटाओं के संकलन हेतु अनंसुधानकर्ता दो प्रकार के स्रोतों का उपयोग करता है प्राथमिक स्रोत तथा द्वितीयक स्रोत। ऐतिहासिक अनंसुधान में प्राथमिक स्रोत वे मानवीय अवशेष हैं जो किसी घटना या तथ्य के प्रत्यक्ष साक्षी होते हैं ये आधारभूत डेटाओं के स्रोत होते हैं। इसके अतिरिक्त द्वितीयक स्रोत भी होते हैं। जिन व्यक्तियों ने न तो वास्तविक घटना को देखा है तथा ना ही उस घटना के सहभागी रहे है। अपितु उन्होंने दूसरों के द्वारा अभिव्यक्त या सुनाये गये विवरण को लिपिबद्ध किया है या अपने शब्दों में वर्णित किया है। इनसे प्राप्त डेटा द्वितीयक स्रोत कहलाते हैं।

**( अ ) प्राथमिक स्रोत (Primary Sources)**

ऐतिहासिक अनंसुधान में प्रयुक्त किये जाने वाले तथ्यों को प्राथमिक स्रोत कहा जाता है जो प्रत्यक्ष रूप से देखने के बाद अभिलिखित किए जाते हैं। इनमें कुछ जीवरहित स्रोत भी हो सकते हैं जैसे-किसी म्यूजियम में अनेक तरह की प्राचीन वस्तुओं को प्राप्त कर किसी विवरण का उल्लेख किया जाता है जो अधिक प्रामाणिक होता है। कहने का आशय प्राथमिक स्रोत से सम्बन्धित यहाँ पर उन तथ्यों से होता है जो तोड़-मरोड़कर, संशोधित अथवा परिवर्द्धित करके अन्यत्र प्रयोग नहीं किए गए हैं। इस प्रकार के स्रोत प्रत्यक्ष होते हैं।

ऐतिहासिक अनंसुधान में निम्नांकित तथ्य प्राथमिक स्रोत की श्रेणी में आते हैं -

1. वे प्रलेख जो किसी प्रत्यक्षदर्शी अथवा किसी व्यक्ति द्वारा प्रस्तुत किए गए होते हैं तथा जो भावी पीढ़ी के लिए उपयोगार्थ सुरक्षित रखे जाते हैं जैसे-संविधान, कानून, न्यायालय के निर्णय, कार्यालयों की कार्यवाहियाँ, आत्मचरित्र, पत्र, दैनिकी, अनुबन्ध तथा समझौते, वसीयतनामा, अनुज्ञप्ति, शपथपत्र, घोषणाएँ, बिल, रसीदें, समाचार पत्र, मैगजीनें, नक्शे, पुस्तकें, प्रसूचियाँ, फिल्में, चित्र, शिलालेख, आदि ।

2. भौतिक अवशेष, भौतिक दृश्य, सड़के, पिरामिड, किलेबन्दी, स्मारक, फर्नीचर, मानव अवशेष इत्यादि ।
3. किवदन्तियाँ जैसे — कहानियाँ, गीत, परम्परायें, रीति-रिवाज, संस्कार, लोक गीत, लोक कथाएँ, लोक भाषा, बोलियाँ एवम् सामाजिक संस्थाएँ।
4. पुरातत्व महत्व की वस्तुएँ जो सर्वाधिक प्राचीन हैं तथा दीर्घकाल तक अस्तित्व में रहने वाली हैं जैसे — कलात्मक सामग्री, पके हुए मिट्टी के बर्तन एवम् प्राचीन वस्तुएँ आदि। इसके अतिरिक्त मुहरें, सिक्के, बर्तन, पेन्टिंग्स, मूर्तियाँ आदि ।
5. हस्तलिखित सामग्री जैसे –अनेक फरमान जो चर्म, भोजपत्र, पिपारस, पेड़ो की छाल आदि पर लिखकर रखे जाते हों तथा हस्तलिपियाँ, पाण्डुलिपियाँ, जीवनचरित्र, संस्मरण आदि ।
6. आधुनिक सामग्री में मुद्रित ग्रन्थ, पत्रिकाएँ, समाचार-पत्र तथा अन्य प्रकार के दृश्य-श्रव्य उपकरण आदि ।

### ( ब ) द्वितीयक स्रोत ( Secondary Sources )

जिन व्यक्तियों ने न तो वास्तविक घटना को देखा है तथा ना ही वे उस घटना के सहभागी रहे हैं अपितु उन्होंने दूसरों के द्वारा अभिव्यक्त या सुनाये गये विवरण को लिपिबद्ध किया है या अपने शब्दों में वर्णित किया है। इनसे प्राप्त डेटा द्वितीयक स्रोत होते हैं यद्यपि इनमें सत्य का कुछ अंश अवश्य विद्यमान रहता है परन्तु मूल वास्तविकता में परिवर्तन के साथ-साथ दोषपूर्ण होने की सम्भावना रहती है। वैज्ञानिक विधि में इस प्रकार के डेटाओं का बहुत कम उपयोग होता है परन्तु ऐतिहासिक अनंसुधान में इन द्वितीयक स्रोतों का उपयोग अधिकता से होता है।

## डेटाओं की आलोचना (Criticism of Data)

सामान्य रूप से ऐतिहासिक अनंसुधान मौलिक अभिलेखों पर ही मुख्य रूप से आश्रित होता है और इन मौलिक अभिलेखों में अनेक कारणों से त्रुटि हो सकती है जैसे–मुद्रण में त्रुटि, लेखक द्वारा धन, लाभ या सम्मान के कारण अथवा व्यक्ति पूजा हेतु अतिशयोक्ति के कारण, अथवा प्रक्षेप के कारण आदि। अतः ऐसे त्रुटिपूर्ण डेटाओं की विश्वसनीयता का परीक्षण एवम् जाँच करना

आवश्यक होता है क्योंकि इन्हीं विश्वसनीय ऐतिहासिक प्रमाणों के आधार पर ही निष्कर्ष निकाले जाते हैं। जिस प्रक्रिया के द्वारा इन तथ्यों या आँकड़ों की सत्यता की जाँच की जाती है उसे ही ऐतिहासिक **डेटाओं की आलोचना** कहते हैं ये आलोचना दो प्रकार की होती है -

1. **बाह्य आलोचना (External Criticism)**

बाह्य आलोचना का मुख्य उद्देश्य ऐतिहासिक आंकड़ों की वास्तविकता एवम् प्रामाणिकता की जाँच करना होता है जिसके लिए प्रलेखों एवम् अवशेषों की प्राचीनता, विश्वसनीयता, सत्यता एवम् वास्तविकता ज्ञात करने हेतु विविध प्रकार के भौतिक तथा रासायनिक परीक्षण किये जाते हैं जैसे - विविध प्रकार की सामग्री, स्याही, पेन्ट, कागज, कपड़ा, पत्थर, धातु अथवा काष्ठ आदि का भौतिक एवम् रासायनिक परीक्षण कार्बन-14 तथा फ्लोरीन परीक्षणों द्वारा किया जा सकता है। इससे उपरोक्त सामग्री की आयु ज्ञात की जा सकती है। इसके साथ-साथ लेखकीय प्रामाणिकता अथवा यर्थाथता ज्ञात करने हेतु लिपि, लिखावट, प्रकार वर्तनी, हस्ताक्षर, भाषा आद का दुर्बोध परीक्षण कर सकते हैं इससे उनकी प्रामाणिकता ज्ञात की जा सकती है।

2. **आन्तरिक आलोचना (Internal Criticism)**

आन्तरिक आलोचना का मुख्य उद्देश्य संकलित किये गये डेटाओं की वैधता स्थापित करना होता है। ऐतिहासिक प्रलेखों तथा अवशेषों की शुद्धता एवम् प्रामाणिकता ज्ञात करने के बाद अनेक मुख्य बातों पर विशेष ध्यान दिया जाता है।

## प्रश्न-39 : अनुसंधान की निरीक्षण (Observation) विधि से क्या आशय है ? तथा वैज्ञानिक निरीक्षण को भी समझाते हुए वैज्ञानिक निरीक्षण की प्रक्रिया में महत्वपूर्ण चरणों की भी व्याख्या कीजिए ।

अनुसंधान से सम्बन्धित समस्याओं को सूत्रबद्ध कर लेने के पश्चात् किसी सुनिश्चित और सुदृढ़ योजना के अनुसार निरीक्षण और वस्तुतः उपयुक्त और सही निरीक्षण का कार्य प्रारम्भ किया जाता है। निरीक्षण को वस्तुतः

वैज्ञानिक परीक्षण एवं खोज की एक सर्वोत्तम विधि कहा गया है। जीव वैज्ञानिकों, भौतिक शास्त्रियों, खगोल शास्त्रियों तथा प्रकृति वैज्ञानिकों ने जिस प्रकार से वस्तुओं के क्रमबद्ध ज्ञान को संकलित कर सुव्यवस्थित ढंग से प्रस्तुत किया है वह शताब्दियों तथा अत्यधिक समयावधि के क्रमबद्ध निरीक्षणों के आधार पर सृजित किया है और इसी प्रकार अपने आसपास तथा चारों ओर की प्राकृतिक परिघटनाओं का भी ज्ञान जो प्रतिपादित एवम् संचित किया गया है वह मूल रूप से क्रमबद्ध निरीक्षणों पर ही आधारित रहा है।

निरीक्षण अनुसंधान की महत्वपूर्ण विधि है। निरीक्षण नेत्रों के माध्यम से किया गया स्वाभाविक घटनाओं के सम्बन्ध में एक ऐसा क्रमबद्ध तथा विचारपूर्वक किये जाने वाला अध्ययन है जोकि उनके घटित होने के समय पर किया जाता है। निरीक्षण का उद्देश्य विषम सामाजिक घटनाओं, संस्कृति के प्रतिरूपों अथवा मानव व्यवहार के अन्तर्गत सार्थक अन्तर्सम्बन्धित तत्वों के स्वरूप तथा विस्तार को ज्ञात करना होता है। निरीक्षण की इस परिभाषा का सम्बन्ध यहाँ साधारण तथा प्राकृतिक निरीक्षण से ही है। इस प्रकार के निरीक्षण को ही अनियन्त्रित और कभी-कभी असंरचित निरीक्षण भी कहा जाता है।

## वैज्ञानिक निरीक्षण (Scientific Observation)

वैज्ञानिक निरीक्षण में अन्वेषण पद्धति का स्वरूप अधिक नियन्त्रित एवम् वस्तुनिष्ठ रहता है। सम्बन्धित अध्ययन में नियन्त्रण तथा वस्तुनिष्ठता की मात्रा पर ही वैज्ञानिक निरीक्षण के स्तर का अंकन किया जाता है। इस सम्बन्ध में किसी वैज्ञानिक ने कहा है कि एक निरीक्षण को एक वैज्ञानिक प्रविधि उसी सीमा तक कहा जा सकता है कि जिस सीमा तक :

(1) इसमें अनुसंधान के उद्देश्य की स्पष्ट रचना की जाती है।

(2) जिसमें निरीक्षण अनियमित रूप से घटित न होकर योजनाबद्ध रूप से घटित होता है।

(3) जिसमें अभिलेखन क्रमबद्ध रूप से नियोजित किया जाता है और जिसका सम्बन्ध मनोरंजन एवम् जिज्ञासात्मक घटनाओं से न होकर अपेक्षाकृत अधिक सामान्य प्रस्तावीकरणों में रहता है।

(4) जिसमें निरीक्षण की वैधता, विश्वसनीयता एवम् परिशुद्धता के लिए अधिकतर उन्हीं प्रतिबन्धों एवप् नियन्त्रणों को लागू किया जाता है।

**ब्राउन तथा घिषैली** (Brown and Ghiselli) ने वैज्ञानिक निरीक्षण के आशय को विस्तृत करते हुए तथा इसे प्रायोगिक अध्ययन जैसा रूप देते हुए लिखा है कि वैज्ञानिक निरीक्षण घटनाओं के प्रति निष्क्रिय प्रतिक्रिया न होकर एक सक्रिय प्रतिक्रिया है। वैज्ञानिक होने के कारण इसमें हम प्रकृति से प्रश्न पूछते हैं एवम् हम बाहर जाकर प्रकृति को प्रेरित कर उठाते हैं और फिर जो घटित होता है उसको लेखबद्ध करते हैं। इस प्रकार प्रकृति केवल वह नही है जो कि घटित होती है बल्कि जिसने घटित होने की अनुज्ञा रहती है अथवा जिसे घटित होने को विवश होना पड़ता है।

**वैज्ञानिक निरीक्षण की प्रक्रिया (Process of Scientific Observation)**

वैज्ञानिक निरीक्षण की प्रक्रिया से सम्बन्धित कुछ महत्वपूर्ण मान्यताएँ हैं जिनका निम्न अंगों के प्रति विशेष रूप से सम्बन्ध रहता है —

1. अध्ययन सम्बन्धी व्यवहार का चयन एवम् कथन —
   (अ) उसके स्वरूप की संवर्गों (Categories) के आधार पर व्याख्या।
   (ब) उसके गुणात्मक रूपों को अंग प्रदान करने की व्यवस्था।
2. निरीक्षक का प्रशिक्षण —
   (अ) एक वैज्ञानिक के रूप में।
   (ब) तटस्थ तथा निष्पक्ष मानसिक विन्यास के विकास में।
   (स) निरीक्षण प्रविधियों में प्रशिक्षण।
   (द) यान्त्रिक मशीनों के उपयोग में प्रशिक्षण।
3. निरीक्षण प्रक्रिया —
   (अ) निरीक्षण की स्थितियों को स्थिर रखना।
   (ब) सम्बन्धित प्रयोज्यों का प्रेक्षण की विभिन्न स्थितियों में स्थानान्तर।
   (स) सम्बन्धित मशीनों में क्रमिक परिवर्तन।
4. निरीक्षणों की संख्या —
   (अ) यदि निरीक्षत घटना में विचलनशीलता अधिक है तब निरीक्षणों की संख्या में भी उसी प्रकार वृद्धि की जानी चाहिए।
   (ब) निरीक्षणों का अभिलेखबद्ध करना।

(स) अभिलेखों की व्यापकता की आवश्यकता।

(द) अभिलेखों की यर्थाथता।

(य) अभिलेखों में सम्बन्धित मशीनों की परिसीमाओं की जानकारी।

(र) दैनिक क्रमबद्ध अभिलेखों की सांख्यिकीय विश्लेषण की आवश्यकता।

5. निरीक्षणों का सांख्यिकीय निरीक्षण —

(अ) सांख्यिकीय सार्थकता की जाँच।

(ब) व्यावहारिक महत्व की परख।

## प्रश्न-40 : समाज विज्ञान में अनुसंधान के लक्ष्य एवम् अनुसंधान प्रक्रिया के विभिन्न चरणों की व्याख्या कीजिए ?

यद्यपि समाज विज्ञानों के अनुसंधान से सम्बन्धित यह आलोचना की गई हैं कि सामाजिक अनुसंधानों में कम से कम वस्तु के विषय में अधिक से अधिक सीखने का प्रयास किया जाता है जब तक कि अनुसंधानकर्ता किसी विषय के सम्बन्ध में कुछ न कुछ सीख लेता है। लेकिन यह वक्तव्य अधूरा एवम् असत्य है। समाज विज्ञानों में अनुसंधान मानव-व्यवहार के विज्ञान की प्रगति एवम् उन्नति से सम्बन्धित क्रियाकलापों को प्रोत्साहित करने तक ही सीमित नहीं रखना चाहिए बल्कि समाज में अनेक प्रकार की वे स्थितियाँ हैं जो अव्यक्त एवम् अमान्य होती हैं उनसे सम्बन्धित समाज विज्ञान के क्षेत्र में अनुसंधान का कार्य उत्तम ढंग से किया जाना चाहिए ।

समाज विज्ञानों में अब तक अनेक विषय विकसित हो चुके हैं जिनमें मानव शास्त्र, शिक्षा शास्त्र, राजनीति शास्त्र, सामाजिक विज्ञान प्रमुख हैं। आजकल इतिहास को भी समाज विज्ञान का विषय माना जाता है। शिक्षा शास्त्रीय स्तरों पर भी विश्वविद्यालयी शिक्षा में जो विषय मानविकी के अन्तर्गत कभी सम्मिलित थे उनको कला संकाय से पृथककर अब समाज विज्ञान संकाय में सम्मिलित कर दिया गया है तथा इसमें अब भूगोल विषय को भी सम्मिलित कर दिया गया है।

## समाज विज्ञान में अनुसंधान के लक्ष्य (Aims of Research in Social Science)

समाज विज्ञान में अनुसंधान करने के मुख्य रूप से दो उद्देश्य होते हैं-

### 1. शैक्षणिक उद्देश्य (Academic Object)

समाज विज्ञान में अनुसंधान करने के शैक्षणिक उद्देश्य के अन्तर्गत अनुसंधानकर्त्ता किसी प्रकरण अथवा किसी समस्या पर अनुसंधान उससे सम्बन्धित ज्ञान की प्राप्ति के लिए करता है। ऐसे अनुसंधान के अन्तर्गत अनेक प्रकार के दायित्वपरक अनुसंधान कार्य किए जाते हैं भले ही उनकी कोई विशेष उपयोगिता न हो अथवा कोई व्यावहारिक मूल्य न हो। ऐसे अनुसंधान केवल सैद्धान्तिक होकर रह जाते हैं तथा अत्यन्त ही सीमित होते हैं। इन अनुसंधानों की उपयोगिता मात्र कोई उपाधि अर्जित कर शैक्षणिक योग्यता बढ़ाने तक ही सीमित रहती है।

### 2. उपयोगितावादी उद्देश्य (Utilitarian Object)

समाज विज्ञान में अनुसंधान करने के उपयोगितावादी उद्देश्य के अन्तर्गत मुख्य लक्ष्य सामाजिक समस्याओं, आर्थिक, राजनैतिक, मनोवैज्ञानिक एवम् शिक्षा की समस्याएँ, जो समाज विज्ञान के प्रमुख विषय माने जाते हैं का निदान करना और उनका उपचार, उनके सुधार, उनके संशोधन एवम् उनको उन्नत बनाने की विधि एवम् कारण को उन्नत करना होता है।

## समाज विज्ञान में अनुसंधान के विभिन्न चरण (Various Steps of Research in Social Sciences)

समाज विज्ञान में मात्र एक ही मान्यता प्राप्त एवम् स्वीकृत विधि को लोकप्रियता प्राप्त नहीं हुई है इसमें अनेक विधियों का उपयोग किया जा सकता है। समाज विज्ञान में अवलोकन, निरीक्षण एवम् प्रायोगिक विधियों के उपयोग के साथ-साथ निम्न 3 प्रकार की अनुसंधान की विधियों का अनुसरण किया जा सकता है। इनमें (1) ऐतिहासिक विधि (2) विवरणात्मक विधि, तथा (3) प्रायोगिक विधि। समाज विज्ञान के क्षेत्र में प्रायोगिक विधि का सर्वाधिक उपयोग किया जाता है जिसमें मनोवैज्ञानिक प्रयोगों के माध्यम से अनुसंधान किए जाते हैं। प्रायोगिक विधि उपकरणों की सहायता से नियन्त्रित स्थिति में

डेटाओं का संकलन, उनमें पारस्परिक सम्बन्ध तथा निष्कर्ष निकालने की एक विधि होती है जो अनेक सीमाओं के होते हुए भी उपकरणों की सहायता से पूर्ण की जाती है। इस प्रकार समाज विज्ञान के क्षेत्र में अनेक प्रकार की स्थितियाँ उत्पन्न कर व्यक्तियों के व्यवहारों का अध्ययन किया जा सकता है। समाज विज्ञान में समस्याएँ अनेक हैं इसलिए उनके अध्ययन के लिए अनुसंधान विधि का चयन करने की प्रक्रिया भी कठिन होती है।

किसी भी वैज्ञानिक अध्ययन हेतु यह मान कर नहीं चलना चाहिए कि अनुसंधान के जो चरण एक प्रकार से मान्यता प्राप्त कर चुके हैं उनमें अन्तर नहीं हो सकता। वस्तुतः समस्याओं के निदान की विधियों अथवा अनुसंधान प्रक्रिया के चरणों में अन्तर अवश्य उत्पन्न हो जाता है तथा आगे से पीछे तथा पीछे से आगे चलने की स्थिति भी बनी रहती है। अनुसंधान का लक्ष्य परिकल्पना से डेटाओं के संकलन, विश्लेषण की ओर अग्रसित होता है। गुड एवम् हाट्ट ने अपनी कृति में अनुसंधान की सम्पूर्ण प्रक्रिया के 12 चरणों का उल्लेख किया है जिसमें उसने समस्या के क्षेत्र एवम् चयन से लेकर औपचारिक प्रतिवेदन लिखने व अभिलेख तैयार करने तथा निष्कर्ष की घोषणा तक को सम्मिलित किया है। इन सभी 12 चरणों को उसने मात्र 4 चरणों में विभक्त कर दिया है। सैल्टर (Schelter) ने सामाजिक विज्ञानों में अनुसंधान हेतु 15 चरणों का उल्लेख किया है तथा फेयरचाइल्ड (Fairchild) ने 6 चरणों का उल्लेख किया है लेकिन इन सभी में साम्यरूपता नहीं है। इनमें समानता न होने का मुख्य कारण अनुसंधान के अलग-अलग उद्देश्य होना होता है।

**प्रश्न-41 : सांख्यिकीय विधियों से आप क्या समझते हैं ? अनुसंधान की प्रक्रिया में इनका अनुप्रयोग कैसे किया जाता है ? समझाइये ।**

सांख्यिकीय विधियों के माध्यम से अनुसंधान सम्पन्न किए जाने में सांख्यिकी का उपयोग करना पड़ता है। सांख्यिकी वह विज्ञान है जो किसी घटना की व्याख्या, विवरण तथा तुलना के लिए आंकिक तथ्यों का संकलन, सारणीयन तथा वर्गीकरण का कार्य करता है। अनुसंधान सम्पन्न करने हेतु डेटाओं के विवेचन में सांख्यिकी के द्वारा अत्यन्त सहायता प्राप्त होती है।

गुणात्मक अथवा गणनात्मक विधियों द्वारा डेटाओं का संकलन कर लेने के पश्चात् उनका पारस्परिक सम्बन्ध ज्ञात करना अनुसंधान का महत्वपूर्ण क्रम है। इस सम्बन्ध के आधार पर ही डेटाओं का विवेचन एवम् सामान्यीकरण सम्भव है। इसलिए अनुसंधान में सांख्यिकीय विधियों का उपयोग नित्यप्रति बढ़ता ही जा रहा है। सांख्यिकीय विधियों में डेटाओं के मध्य सम्बन्धों की खोज करने हेतु भिन्न-भिन्न माध्य, विचलन, प्रमाप विचलन तथा सह-सम्बन्ध आदि ज्ञात करने पड़ते हैं। ये क्रियाएँ गणित के नियमों पर आधारित होती हैं।

सांख्यिकीय विधियों में प्रथम स्तर पर निदर्शनों (Samples) का चयन करना पड़ता है तथा दूसरे स्तर पर डेटाओं का संकलन करना होता है। तृतीय स्तर पर डेटाओं का वर्गीकरण एवम् सारणीयन किया जाता है। अन्तिम स्तर पर विभिन्न माध्यों के द्वारा आवृत्तियों को सरल बनाया जाता है तथा ग्राफ तथा चार्ट के रूप में प्रकट किया जाता है। इस प्रकार सांख्यिकीय विधियों में व्यक्ति से ध्यान हटकर तथ्यों पर केन्द्रित हो जाता है। विभिन्न इकाइयों की विशेषता समाप्त हो जाती है और विशिष्ट समूहों का अध्ययन किया जाता है। इस प्रकार डेटाओं का संख्यात्मक रूप से विवेचन करना अनुसंधान में विशेष महत्व रखता है। सांख्यिकीय विधियों का उपयोग किए जाने से वर्तमान में प्रत्येक प्रकार के अनुसंधान की प्रकृति अधिक से अधिक वैज्ञानिकता प्राप्त कर रही है तथा अनुसंधान में वस्तुनिष्ठता एवम् यर्थाथता की वृद्धि करती है।

### अनुसंधान की प्रक्रिया में सांख्यिकीय विधियों का अनुप्रयोग (Use of Statistical Methods in the Process of Research)

अनसुधान प्रक्रिया के अन्तर्गत प्राप्त डेटाओं को व्यवस्थित एवम् संक्षिप्त रूप प्रदान करने के लिए उन्हें सर्वप्रथम आवृत्ति विवरण में प्रस्तुत करना होता है जो एक सांख्यिकी विधि है जिससे उनके प्रति माध्यमों को ज्ञात करने में अत्यधिक सुविधा प्राप्त होती है। यहाँ माध्यों के आधार पर ही सम्बन्धित चरों के प्रति तुलनात्मक अध्ययन की सुविधा प्राप्त होतीं है और इससे आगे चलकर विभिन्न समूहों में विचलनशीलता की मात्राओं के मापन से भी सहायता मिलती है। विचलनशीलता के मुख्य माप प्रसार, चतुर्थांश में विचलन, मध्यमान तथा मानक विचलन होते हैं। मध्यमान तथा मानक विचलन के आधार पर आगे चलकर दो समूहों में मध्यमानों में अन्तर की सार्थकता की

जाँच **टी परीक्षण** (T-Test) द्वारा भी सम्पन्न की जा सकती है। तीन या तीन से अधिक ऐसे समूहों के मध्यमानों के अन्तरों की जाँच प्रसरण विश्लेषण (एनोवा) के द्वारा की जाती है। प्राप्त डेटाओं के अन्तरों की सार्थकता की जाँच के अतिरिक्त उनमें पारस्परिक सम्बन्धों को भी जानने का प्रयास किया जाता है। इससे उनमें सह-सम्बन्ध गुणांक की गणना की जाती है तथा ऐसे व्यापक आंकड़ों में सह-सम्बन्ध जानने के लिए कभी-कभी प्रकीर्ण आरेख का भी उपयोग किया जाता है। इस प्रकार सांख्यिकीय विधियों का उपयोग करके अनंसुधान कार्य पूर्ण किया जाता है।

**सांख्यिकीय विधियों की उपयोगिता (Utility of Statistical Methods)**

अनुसंधान में सांख्यिकीय विधि की उपयोगिता निम्न प्रकार होती है –

1. सांख्यिकीय विधियाँ जटिल तथ्यों को डेटाओं के सरलतम रूप में परिवर्तित करके साधारण व्यक्ति के लिए उन्हें बोधगम्य बनाती हैं।
2. डेटाओं के रूप में तथ्यों की तुलना करना भी सुलभ हो जाता है।
3. जब हम समान प्रकृति के विभिन्न डेटाओं को तुलना योग्य बना लेते हैं और उनमें परस्पर अन्तर या परिवर्तन इत्यादि ज्ञात कर सकते हैं तो उनमें अन्तर्सम्बन्ध स्थापित कर सकना भी सरल हो जाता है।
4. डेटाओं के द्वारा विभिन्न कारकों का किन्हीं दशाओं एवम् परिस्थितियों में पड़ने वाला प्रभाव सुविधापूर्वक मापना सम्भव हो जाता है।
5. भविष्य में उत्पन्न हो सकने वाली प्रवृत्तियों का पूर्वानुमान लगा सकना प्रत्येक वैज्ञानिक अध्ययन का एक आवश्यक तत्व बन चुका है जो सांख्यिकीय विधियों से ही सम्भव है।

## प्रश्न-42 : सांख्यिकीय विधियों की विशेषताएँ बताते हुए अनुसंधान में इनकी महत्ता भी बताइये।

अनुसंधानकर्त्ता द्वारा अपने अनुसंधान से सम्बन्धित डेटा संकलित किये जाते हैं तथा डेटाओं से सम्बन्धित समस्या का निष्कर्ष निकालने हेतु उनका विश्लेषण करना भी आवश्यक होता है लेकिन ये विश्लेषण तभी सम्भव हो सकता है जब उससे पहले डेटाओं का संकेतीकरण, वर्गीकरण, सारणीयन तथा

आलेखीय निरूपण किया जाता है। ये सभी क्रियाकलाप सांख्यिकी के विभिन्न मापों का प्रयोग करके ही सम्पन्न किये जा सकते हैं। अनुसंधान कार्य में सांख्यिकी के विभिन्न मापों का प्रयोग करना ही सांख्यिकी विधियों का उपयोग करना कहा जाता है।

अनुसंधान में सांख्यिकीय विधियों की निम्न विशेषताएँ होती हैं :

1. ये विधियाँ निर्णयों के निर्माण में सहायक होती हैं कि कौन से सिद्धान्त को विकसित किया जाये तथा किस सिद्धान्त का अग्रिम परीक्षण किया जाये।
2. ये विधियाँ अतिरिक्त तथ्यों को एकत्र करने में सहायक होती हैं। मात्रात्मक नियमों द्वारा तथ्यों के विश्लेषण में भी सहायता प्रदान करती हैं।
3. ये निर्णय निर्माण प्रक्रिया में सहायक हैं। अन्तर्अनुभूति पद्धति के स्थान पर वैषयिक पद्धति को स्थानापन्न कर यह प्राप्य डेटाओं के अधिकाधिक उपयोग में सहायता प्रदान करती है।
4. ये इस बात में सहायक हैं कि कौन सी युक्तियाँ (Tactics) एक दी हुई परिस्थिति में अधिक प्रभावशाली हैं।
5. ये खोज की विभिन्न पद्धतियों के मूल्यांकन में सहायक हैं। सामाजिक अनुसंधानकर्त्ता अथवा वैज्ञानिक को यह एक प्रकार से सामयिक चेतावनी देने का कार्य करती हैं कि किन-किन तरीकों को किन-किन परिस्थितियों में काम में लाया जाऐ ताकि वे खोज की ओर अग्रसर होने में सहायक हों। इससे अनावश्यक तथ्यों के उपयोग से बचा जा सकता है एवम् उपयोगी सामग्री का उचित प्रयोग किया जा सकता है।
6. ये ऐसे परिशुद्ध एवम् स्पष्ट आधार प्रदान करती हैं जिनके द्वारा एक सामाजिक वैज्ञानिक तथ्यों को एकत्रित करता है उनका विश्लेषण करता है एवम् उनकी व्याख्या करता है।

अन्त में निष्कर्ष रूप में कहा जा सकता है कि सांख्यिकीय पद्धतियाँ वास्तविकता की प्रकृति की खोज में निस्संदेह अत्यन्त सहायक एवम् उपयोगी सिद्ध हुई हैं।

## सांख्यिकीय विधियों की महत्ता (Importance of Statistical Methods)

अनुसंधान में सांख्यिकीय की उन विधियों पर प्रकाश डाला जा रहा है जिनका मुख्य रूप से उपयोग किया जाता है।

### 1. मध्यमान की भूमिका (Role of Mean)

मध्यमान की गणना से दो या दो से अधिक समूहों के तुलनात्मक अध्ययन में सहायता मिलती है क्योंकि मध्यमान एक समूह की केन्द्रीय प्रवृत्ति का अत्यधिक शुद्ध मान होता है इसके साथ ही मध्यमान की सहायता से अन्य महत्वपूर्ण सांख्यिकीय मापों जैसे — मानक विचलन व सहसम्बन्ध गुणांक की गणना में भी महत्वपूर्ण सहायता मिलती है।

### 2. मानक विचलन की भूमिका (Role of Standard Deviation)

मानक विचलन अपने समूह की विचलनशीलता के मापन का सबसे विश्वसनीय सूचकांक होता है इससे डेटाओं के विश्लेषण में महत्वपूर्ण सहायता मिलती है। इसके साथ ही इसकी सहायता से अन्य महत्वपूर्ण सांख्यिकीय मापों जैसे — सह-सम्बन्ध गुणांक, मध्यमान की मानक त्रुटि व समूहों के मध्यमानों के अन्तर की सार्थकता की जाँच में पर्याप्त सहायता मिलती है। इससे समूहों में विचलनशीलता के तुलनात्मक अध्ययन में सहायता मिलती है।

### 3. तोरण की रचना की भूमिका (Role of Ogive)

तोरण (Ogive) के आधार पर दो या दो से अधिक विभिन्न संख्याओं वाले वितरणों का तुलनात्मक अध्ययन एक अक्षभुजा पर सुविधापूर्वक किया जा सकता है क्योंकि विभिन्न वितरणों की ही विभिन्न संख्याओं को प्रतिशत में परिवर्तित कर देने पर उनमें युक्तिसंगत आधार बन जाता है। इसके साथ ही तोरण के आधार पर अंक वितरणों के विभिन्न मापों जैसे- चतुर्थांक, मध्यांक, दशांक, व शतांक की गणना सरलतापूर्वक की जा सकती है।

### 4. सहसम्बन्ध गुणांक की भूमिका (Role of Correlation Coefficient)

सह-सम्बन्ध गुणांक से विभिन्न डेटाओं में भविष्य कथन की क्षमता प्राप्त होती है तथा यदि समस्या विद्यार्थियों से सम्बन्धित है तो इसके आधार पर विद्यार्थियों के शैक्षणिक तथा व्यावसायिक मार्गदर्शन में सहायता मिलती है।

सह-सम्बन्ध द्वारा विभिन्न परीक्षणों में विश्वसनीय गुणांकों को ज्ञात करने में सहायता मिलती है।

इस प्रकार हम देखते हैं कि सांख्यिकीय विधियाँ अनुसन्धान के सशक्त यन्त्र तथा उपकरण हैं इनसे न केवल संकलित डेटाओं के वर्गीकरण, प्रस्तुतीकरण तथा विश्लेषण में ही आवश्यक सहायता मिलती है बल्कि उपयुक्त डेटाओं के संकलन तथा सांख्यिकीय रूप से परीक्षण योग्य परिकल्पनाओं की रचना में भी पर्याप्त सुविधा प्राप्त होती है। इसके अतिरिक्त अपार डेटाओं में निहित सम्बन्धों को भी प्रदर्शित करने में सहायता प्राप्त होती है।

## प्रश्न-43 : विकासात्मक अध्ययन (Developmental Studies) से क्या आशय है ? इसकी विशेषताओं, प्रक्रियाओं एवम् महत्व की भी समीक्षा कीजिए ।

कोई भी अध्ययन न केवल वर्तमान स्थितियों और परिस्थितियों का अध्ययन मात्र होता है बल्कि जो उसकी स्थितियों में भिन्नताएँ होती हैं न उनका अध्ययन होता है बल्कि इन परिवर्तनों (Variables) का भी अध्ययन किया जाता है जो समय के व्यतीत होने की प्रक्रिया में उत्पन्न होते हैं इससे जो तत्व प्राप्त होते हैं अथवा जो अभिलिखित तथ्य मिलते हैं उनका अध्ययन अथवा विचार इस उद्देश्य से किया जाता है कि अतीत में क्या हुआ है और अभी क्या होगा तथा भविष्य में क्या घटित होगा। इस प्रकार के अध्ययन अथवा अनुसंधान को विकासात्मक अध्ययन (Developmental Studies) कहा जाता है।

### विकासात्मक अध्ययन की विशेषताएँ (Characteristics of Develpmental Studies)

विकासात्मक अध्ययन की कुछ विशेषताएँ होती हैं जो निम्न प्रकार होती हैं- अध्ययन से सम्वन्धित डेटाओं को प्राप्त करने हेतु इस विधि में अनेक मामलों (Cases) का अध्ययन करना पड़ता है तथा कभी-कभी किसी मामले में जो कुछ इस विधि में ज्ञात होता है उसी प्रकार के मामले दूसरी जगह भी मिल जाते हैं। इस विधि में व्यक्ति का अध्ययन उसकी विशेषताओं को आधार बनाकर किया जाता है लेकिन सांख्यिकीय मानकों के आधार पर जो निष्कर्ष

इस विधि में निकाले जाते हैं वे सम्पूर्ण आबादी पर लागू होते हैं या कुछ नमूनों पर। अतः यह एक महत्वपूर्ण अनुसंधान माना जाता है जिसके उद्देश्य एवम् समस्याएँ सुनिश्चित होते हैं तथा इस विधि में डेटाओं के विश्लेषण तथा प्रतिवेदन लेखन के लिए कौशलपूर्ण विधि की आवश्यकता होती है। इस विधि में विज्ञानों की तरह सुदृढ़ एवम् सुनिश्चित सिद्धान्तों एवम् नियमों को विकसित नहीं किया जा सकता। मात्र डेटाओं की प्राप्ति के आधार पर अनुसंधान के लिए एक आधार तैयार किया जाता है।

विकासात्मक अध्ययन में निम्न प्रक्रियाएँ निहित होती हैं -

1. जिस क्षेत्र की खोज करनी है उसका परीक्षण करना अथवा भलीभाँति जाँच करना जिससे सम्बन्धित समस्या को परिभाषाबद्ध किया जा सके। इससे सम्बन्धित विवरण जिसका संग्रह किया जाता है उनका वर्णन भी किया जाना चाहिए।
2. परिकल्पना को अनुमान पर आधारित होने के साथ-साथ इसका उल्लेख किया जाना चाहिए। लेकिन जब अनुसंधान व्याख्यात्मक नहीं होता है तो इस प्रकार की प्रक्रिया सम्भव नहीं हो पाती है।
3. विषयों एवम् नमूनों का उपयुक्त ढंग से चयन करना चाहिए और इसके लिए निश्चित विधि को भी अपनाना चाहिए। जिन उपकरणों का प्रयोग किया जाता है उन्हें भी निश्चित करना चाहिए और प्रयोग करने का तर्क भी देना चाहिए।
4. परिणामों का वर्णन, विश्लेषण, व्याख्या स्पष्ट एवम् सुव्यवस्थित ढंग से की जानी चाहिए और भविष्य में किस ढंग से अनुसंधान किया जाना चाहिए उसका भी उल्लेख करना चाहिए।
5. परिकल्पना के अन्तर्गत प्रमाणों का संग्रह करना चाहिए, उनका सारांश प्रस्तुत करना चाहिए। उपयुक्त समाजीकरण के लिए उनका विश्लेषण किया जाना चाहिए।

### विकासात्मक अध्ययनों का महत्व (Importance of Developmental Studies)

यद्यपि वैज्ञानिक समुदाय विवरणात्मक अनुसंधान को उच्च कोटि का

अनुसंधान या अध्ययन नहीं मानते हैं तथापि डेटाओं के संकलन हेतु इस विधि की अत्यधिक माँग की जाती है तथा सूचना संग्रहण की दृष्टि से भी महत्वपूर्ण माना जाता है क्योंकि इससे निम्नांकित उद्देश्यों की पूर्ति होती है।

1. इस अध्ययन विधि से सामयिक समस्याओं को समझने में मार्गदर्शन प्राप्त होता है अतः वर्तमान स्थिति की सूचना प्राप्त हो जाती है।
2. अतीत की समस्याओं एवम् स्थितियों से सम्बन्धित अनेक प्रकार की ऐतिहासिक स्थिति का विवरण इस विधि से प्राप्त हो जाता है।
3. इससे भावी विकास के लिए मार्ग प्रशस्त हो जाता है। यद्यपि यह भविष्य की स्थिति को निश्चित नहीं करती है फिर भी इस विधि से भावी आवश्यकता का विवरण ज्ञात होता है। भविष्य की प्रगति के लिए जिस प्रकार की योजनाएँ एवम् नियोजन किए जाते हैं उस दृष्टि से नियोजकों को एक मार्गदर्शन प्राप्त होता है।
4. इस विधि से अन्य विधियों एवम् उपकरणों को उन्नत बनाने में सुविधा मिलती है जिसके माध्यम से सूचना का उपयोग किया जाता है।
5. इस विधि से सम्बन्धित क्षेत्र के ज्ञान की वृद्धि होती है क्योंकि अनुसंधानकर्त्ता को नवीन विवरण ज्ञात होते हैं।
6. इस विधि से नवीन तथ्य एवम् विवरण ज्ञात होते हैं जिससे नवीन प्रयोगशाला और नियन्त्रित स्थिति के अन्तर्गत अध्ययन करने का मार्ग प्रशस्त होता है।

**प्रश्न-44 : अनुसंधान की वैयक्तिक अध्ययन विधि क्या होती है? इसकी क्या विशेषताएँ होती हैं ? समझाइये ।**

वैयक्तिक अध्ययन (Case Study) पद्धति एक ऐसी पद्धति होती है जिसके द्वारा एक सामाजिक इकाई, चाहे वह एक व्यक्ति, एक परिवार, संस्था, संस्कृति, समूह और एक समस्त समुदाय ही हो, के जीवन का अन्वेषण तथा विश्लेषण किया जाता है इसका उद्देश्य उन कारकों को निर्धारित करना होता है जो कि सम्बन्धित इकाई के व्यवहार के विषय प्रतिरूपों तथा उनके इकाई के प्रति सम्बन्धों की व्याख्या उसके सम्बन्धित स्थानीय परिवेश के आधार पर प्रस्तुत करना होता है।

वैयक्तिक अध्ययन पद्धति का मूल आधार जीव विज्ञानों की विकासात्मक पद्धति है। जीव विज्ञानों में जिस प्रकार एक जीव (Organism) अथवा पौधे (Plant) की विशेषताओं को अध्ययन करने के लिए उसके आनुवांशिक अनुक्रम तथा उसके सम्बन्धित पर्यावरण का अन्वेषण एवम् विश्लेषण करना होता है, ठीक उसी प्रकार, सामाजिक विज्ञानों में भी एक सामाजिक इकाई अथवा एक सामाजिक संरचना व संस्था के वास्तविक स्वरूप को समझने के लिए उसके कारणात्मक उद्‌गम तथा विकास से सम्बन्धित ऐतिहासिक व तार्किक परिवेश का भी अध्ययन व आँकलन करना होता है। इस प्रकार वैयक्तिक अध्ययन एक सामाजिक इकाई का सम्पूर्ण तथा गहन अध्ययन होता है इसके अन्तर्गत सम्बन्धित इकाई के प्रत्येक अंग के विकास की प्रक्रिया का सूक्ष्म विश्लेषण किया जाता है। इसी कारण वैयक्तिक अध्ययन पद्धति को **सामाजिक सूक्ष्मदर्शी** (Social Microscope) कहा जाता है।

## वैयक्तिक अध्ययन की विशेषताएँ (Characteristics of Case Study)

वैयक्तिक अध्ययन पद्धति का उपयोग अनेक क्षेत्रों में किया जा सकता है। मनोविज्ञान के क्षेत्र में एक मानसिक रोगी के रोग के मूल कारण, शिक्षा के क्षेत्र में किसी समस्याग्रस्त बालक, पिछड़े बालक अथवा प्रतिभा सम्पन्न बालक की आदतों का अध्ययन तथा समाजशास्त्र क्षेत्र में इसके माध्यम से एक सामाजिक इकाई के विकासात्मक प्रक्रिया का क्रमबद्ध अध्ययन किया जाता है। इस प्रकार इस अध्ययन विधि में निम्न विशेषताएँ होती हैं।

1. **एक समय पर केवल एक इकाई का ही अध्ययन** — इस पद्धति के माध्यम से एक इकाई का अत्यन्त गहन, विस्तृत, सूक्ष्मतम तथा साथ ही अत्यन्त विश्लेषणात्मक अध्ययन किया जाता है। सामान्यतया ऐसे अध्ययन का स्वरूप अत्यधिक गम्भीर एवम् विषम होता है। इस कारण इस विधि के अन्तर्गत अधिकांशतः एक समय पर एक ही विशिष्ट इकाई का अध्ययन उपयुक्त रहता है।

2. **क्रमबद्ध एवम् वस्तुपरक अध्ययन** — इस पद्धति का स्वरूप क्रमबद्ध होता है क्योंकि इसके द्वारा सम्बन्धित इकाई का अध्ययन उसके आरम्भ से लेकर एक विशेष स्थिति तक उसके विकास के विभिन्न चरणों के अन्तर्गत किया जाता है। दूसरे ऐसे अध्ययन में इकाई से विभिन्न चरणों

का अध्ययन वस्तुपरक प्रमाणों एवम् तथ्यों के आधार पर काल क्रमानुसार किया जाता है। इस कारण यह अध्ययन पद्धति क्रमबद्ध तथा साथ ही साथ वस्तुपरक भी रहती है।

3. **गहन अध्ययन** — इस पद्धति का स्वरूप लम्बवत् रहता है तथा इसमें सम्बनिधत इकाई के विभिन्न अंग्रे का अध्ययन अपेक्षाकृत सूक्ष्म तथा गहन रहता है।

4. **गुणात्मक अध्ययन** — ऐसे अध्ययन का स्वरूप प्रायः परिमाणात्मक न होकर गुणात्मक ही रहता है क्योंकि ऐसे अध्ययन का आधार प्रधान रूप से डेटा न होकर अध्ययनकर्त्ता की अध्ययन की समस्या के प्रति कुशाग्र बुद्धि, तीक्ष्ण दृष्टि तथा अन्तर्भेदी प्रविधि तकनीक होती है।

5. **कार्य-कारण के सम्बन्धों का अध्ययन** — यह अध्ययन पद्धति एक इकाई से सम्बन्धित विभिन्न अंगों अथवा चरों का विवरणात्मक अध्ययन न करके उनमें पारस्परिक अन्तर्सम्बन्धों का विश्लेषण करती है तथा उसमें विधिवत् यान्त्रिक रूप से कार्य-कारण के सम्बन्धों को स्थापित करने का प्रयास करती है।

6. **बहुपक्षीय अध्ययन** — यह अध्ययन पद्धति किसी एक इकाई का एक-पक्षीय अध्ययन न होकर बहुपक्षीय अध्ययन होता है इसके अन्तर्गत उसके विकास तथा प्रस्तुत स्थिति से सम्बन्धित विभिन्न कारकों जैसे-जैविक कारक (यदि अध्ययन किसी एक जीव से सम्बन्धित है) उसका भौगोलिक वातावरण, सामाजिक एवम् आर्थिक पर्यावरण तथा साथ ही साथ मनोवैज्ञानिक पृष्ठभूमि के परिवेश में उसका विवेचन तथा मूल्यांकन करना होता है। अब यदि इसके अन्तर्गत किसी एक सामाजिक इकाई का अध्ययन किया जाता है तब उसके उद्‌गम एवम् विकास से सम्बन्धित उन समस्त विभिन्न सामाजिक, राजनैतिक एवम् अन्य ऐतिहासिक कालक्रमों व उनमें प्रचलित उपनतियों एवम् शक्तियों का विधिवत् अध्ययन प्रस्तुत करना होता है कि जिनके कारण कालान्तर में सम्बन्धित इकाई निर्गत (Emergent) हुई अथवा किसी एक विशिष्ट परिवेश में वह उभरी, पनपी एवम् विकासशील हुई तथा आगे चलकर किन विभिन्न कालों में उसमें क्या परिवर्तन एवम् संशोधन हुए और आज उसका वर्तमान स्वरूप क्या है और ऐसा क्यों कर हुआ है। इस इकाई से सम्बन्धित विस्तृत

अध्ययन के कारण इस अध्ययन पद्धति का स्वरूप अनिवार्यतः बहुपक्षीय ही रहता है।

7. **धैर्यपूर्ण एवम् दीर्घकालीन अध्ययन** — इस विधि के अन्तर्गत अध्ययन का स्परूप अति धैर्यपूर्ण, सावधानी पूर्ण, विस्तृत तथा दीर्घकालीन होता है क्योंकि ऐसा अध्ययन अधिकांशत गम्भीर, संवेदनशील, सूक्ष्म तथा विषम होता है। इस विधि द्वारा एक इकाई से सम्बन्धित विभिन्न अंगों में विभिन्न सम्बन्धों की स्थापना शीघ्रता से सम्पन्न करना प्रायः भ्रामक तथा आपत्तिजनक ही रहता है।

## प्रश्न-45 : वैयक्तिक अध्ययन पद्धति की प्रक्रिया कितने चरणों से होकर गुजरती है ? समझाइये ।

वैयक्तिक अध्ययन पद्धति एक ऐसा उपागम होती है जो किसी एक सामाजिक इकाई को उसके सम्पूर्ण रूप में देखती है। अतः वैयक्तिक अध्ययन एक सामाजिक इकाई का सम्पूर्ण तथा गहन अध्ययन होता है। इसमें सम्बन्धित इकाई के प्रत्येक अंग के विकास की प्रक्रिया का सूक्ष्म विश्लेषण किया जाता है।

### वैयक्तिक अध्ययन की प्रक्रिया (Process of Case Study)

वैयक्तिक अध्ययन पद्धति की कुछ अपनी ही विशेषताएँ होती हैं इस कारण इस पद्धति की अध्ययन प्रक्रिया भी कुछ विभिन्न एवम् विशिष्ट प्रकार की होती है। इस पद्धति की प्रक्रिया निम्न चरणों में होकर गुजरती है।

**1. समस्या का कथन (Statement of the Problem)**

इस विधि का प्रथम चरण अध्ययन से सम्बन्धित विशिष्ट इकाई अथवा व्यवहार को स्पष्ट करना होता है तथा अध्ययन के विशिष्ट उद्देश्य को भी निश्चित करना होता है तथा अध्ययन से सम्बन्धित समस्त पहलुओं अथवा पक्षों का स्पष्ट विवरण प्रस्तुत करना होता है इसके अतिरिक्त सूचना स्रोतों की भी रचना की जाती है।

**2. उपयुक्त इकाईयों का चयन (Selection of appropriate units)**

यदि वैयक्तिक अध्ययन का उद्देश्य एक विशेष एकल इकाई का

अध्ययन करना होता है तब सम्बन्धित इकाई के अतिरिक्त अन्य इकाईयों के चयन का प्रश्न हीं नहीं उठता परन्तु यदि अध्ययन का उद्देश्य गहनता के साथ उसे सम्पन्न करना है तब ऐसे अध्ययन में एक इकाई की अपेक्षा उपयुक्त इकाइयों अर्थात एक से अधिक इकाइयों का अध्ययन पर्याप्त रहता है क्योंकि इस पद्धति के अन्तर्गत एक इकाई का अध्ययन अपेक्षाकृत अत्यन्त सावधानीपूर्वक किया जाता है तथा जो अधिकतर दीर्घकालीन अध्ययन होता है।

**3. अध्ययन की इकाई से सम्बन्धित विभिन्न तर्कसंगत पहलुओं का निर्धारण**

इस तृतीय चरण के अन्तर्गत वैयक्तिक अध्ययन इकाई से सम्बन्धित उन सम्भावित पहलुओं को निर्धारित किया जाता है जोकि इस इकाई के निर्धारक जान पड़ते हैं। इसमें अध्ययन आरम्भ करने की एक विस्तृत रूपरेखा होती है।

**4. डेटा संकलन की प्रक्रिया (Process of Data Collection)**

इस चरण में सूचनादाता अपनी प्रतिक्रियाओं एवम् मनोभावों की स्वाभाविक एवम् स्वतंत्र रूप से अभिव्यक्ति करता है तथा अनुसंधानकर्त्ता सूचनादाता के मन में उठने वाली शंकाओं एवम् अवरोधों को जानने एवम् समझने का भी सूक्ष्म प्रयास करता है। प्रायः ये संकोच एवम् अवरोध ही सम्बन्धित अप-व्यवहार के सूचक होते हैं। प्रश्नों का मुख्य उद्देश्य यहाँ सूचना संकलन की प्रक्रिया को अध्ययन-परिधि के अन्तर्गत रखना होता है तथा अधिक जानकारी प्राप्त करना होता है। इस चरण में सूचना संकलन की प्रक्रिया निम्न बिन्दुओं से होकर गुजरती है-

(अ) प्रत्येक इकाई से एक-एक करके सम्पर्क तथा मैत्रीपूर्ण भावना स्थापित करना।

(ब) सम्भावित कारकों के प्रति सम्बन्धित इकाई को मुक्त साहचर्य के लिए अभिप्रेरित करना।

(स) अध्ययन इकाई के मन में आने वाले संकोचों एवम् अवरोधों का अध्ययन करना तथा ऐसे अवसरों पर उसे निस्संकोच होकर बोलने को प्रोत्साहित करते रहना।

(द) सम्बन्धित इकाई के सार्थक तत्वों को नोट करते रहना।

(य) सार्थक घटनाओं एवम् प्रभावों का आँकलन करते रहना।

(र) ध्रुवीकरण प्रश्न पूछना, तथा

(ल) प्रक्षेपी प्रश्न पूछना।

**5. प्राप्त डेटाओं का विश्लेषण तथा निष्कर्ष (Analayis of Data and Conclusions)**

इस चरण में प्राप्त डेटाओं की कुछ विशिष्ट आधारों पर छानबीन की जाती है। छानबीन के आधार निम्न होते हैं-

(अ) इकाई से सम्बन्धित महत्वपूर्ण कारकों को खोजना।

(ब) उसके सम्भावित कार्य-कारण के अन्तर्सम्बन्धों अथवा प्रभावों की जाँच करना।

(स) विभिन्न घटनाओं अथवा कारकों के घटनाक्रम का अध्ययन करना।

(द) विवेचनात्मक विवरण तथा निष्कर्ष निकालना।

इस प्रकार इस अन्तिम चरण में प्राप्त डेटाओं का क्रमबद्ध विश्लेषण किया जाता है तथा इसके अन्तर्गत प्राप्त सूचना की गहनता पर तथा उसके विशिष्ट एवम् सूक्ष्म रूप को ही अधिकतर समझना होता है और अध्ययन इकाई से सम्बन्धित विभिन्न प्रधान तथा गौण प्रभावशाली कारकों के पारस्परिक सम्बन्धों तथा अन्तर्सम्बन्धों का ऐसा ताना-बाना सा बुना जाता है कि सम्बन्धित इकाई के विश्लेषण एवम् संश्लेषण में उनके सापेक्षिक भागों को एक दूसरे से अलग-अलग किया जा सके तथा साथ ही उन्हें एक तर्क संगत रूप भी प्रदान किया जा सके। ऐसे अध्ययन का स्पष्ट व तर्कसंगत आधार यह है कि वैयक्तिक अध्ययन गहन होने के साथ-साथ स्वयं में एक सम्पूर्ण अध्ययन भी होता है। ऐसे अध्ययन के आधार पर सम्बन्धित विभिन्न कारकों के विषम जाल को इस चरण में ऐसा सजीव स्वरूप प्रदान किया जाता है कि जिस प्रकार सूक्ष्मदर्शी मन्त्र के द्वारा एक लघुप्राणी के विभिन्न छोटे-छोटे अंगों को स्पष्टतः तथा उनके सूक्ष्मतम रूप में देखा जा सकता है ठीक उसी प्रकार वैयक्तिक अध्ययन के द्वारा एक सम्बन्धित अध्ययन इकाई के विषय स्वरूप को भी स्पष्टतः तथा तर्क-संगत आधार पर सुविधापूर्वक समझने का सफल प्रयास किया जाता है।

## प्रश्न-46 : सामाजिक विज्ञान के अनुसंधान की प्रविधि (Methodology of Research) की विवेचना कीजिए ?

समाज विज्ञान की धारणा एक नवीन धारणा है। पहले इसे मानविकी का विषय माना जाता था। सूक्ष्म रूप से देखने पर अनेक विषय मानविकी के अन्तर्गत आते हैं परन्तु उन्हें समाज विज्ञानों में भी रखा जाता है तथा उनका अध्ययन एवम् अध्यापन भी दोनों संकायों में किया जाता है। समाज विज्ञान सभी प्रकार के सामाजिक क्रियाकलापों तथा सभी निर्धारित विषयों के वैज्ञानिक अध्ययन को कहा जाता है। समाज विज्ञान के अन्तर्गत जो अनुसंधानकर्त्ता शोध करता है वह किसी विशेष प्रकार की व्यावहारिक विधि एवम् पद्धति तथा प्रकार का उत्तर देने के लिए उनके कारणों के बारे में अनुसंधान करता है और उनका पारस्परिक कारकों (घटकों) से सम्बन्ध स्थापित करता है। इस प्रकार समाज विज्ञान वह विज्ञान है जिसमें नवीन तथ्यों एवम् पुराने-तथ्यों को क्रमबद्ध विधि से अनुक्रमों एवम् क्रमिक विधियों, पारस्परिक सम्बन्धों, अनेक व्याख्याओं एवम् प्राकृतिक नियमों के माध्यम से अन्वेषण करना तथा तथ्यों को निश्चित करना है।

### समाज विज्ञानों में अनुसंधान (Research in Social Scinces)

समाज विज्ञानों में अनुसंधान के मुख्यतः दो उद्देश्य होते हैं शैक्षणिक उद्देश्य तथा उपयोगितावादी उद्देश्य। शैक्षणिक उद्देश्य के अन्तर्गत अनुसंधानकर्त्ता किसी सामाजिक प्रकरण अथवा समस्या से सम्बन्धित ज्ञान की प्राप्ति के लिए अनुसधान करता है जबकि उपयोगितावादी उद्देश्य के अन्तर्गत सामाजिक, आर्थिक, राजैनतिक, मनोवैज्ञानिक एवम् शैक्षिक समस्याओं का निदान करने के लिए अनुसंधान किया जाता है।

अनुसंधान की दृष्टि से समाज विज्ञानों के अन्तर्गत अनेक विधियों का प्रयोग अनुसंधान हेतु उसी प्रकार किया जाता है जिनका प्रयोग किसी न किसी रूप में शुद्ध विज्ञानों अथवा व्यावहारिक विज्ञानों में किया जाता है। आजकल समाज विज्ञानों के अनुसंधानों के परिणामों को वैज्ञानिक विषयों के परिणामों की भाँति एक सी विधियों का प्रयोग करके निकालने का प्रयास किया जाता है। सामाजिक परिघटनाओं, सामाजिक परिप्रेक्ष्य में समूहों के व्यवहार, मानव

कार्य, व्यापार तथा मानव के अन्तः क्रियाकलापों को आजकल वैज्ञानिक विश्लेषण करके अनेक तथ्यों को निश्चित एवम् निर्धारित किया जाता है और इन्हीं आधारों पर अनेक प्रकार के सामाजिक, मनोवैज्ञानिक, आर्थिक, शैक्षिक, राजनैतिक तथा विधि आदि के नियमों का प्रतिपादन और उनके स्वरूप को निर्धारित किया जाता है जैसे विज्ञानों में किया जाता है ऐसे तथ्यों एवम् सिद्धान्तों को वैज्ञानिक परिप्रेक्ष्य में वैज्ञानिक धारणाओं की संज्ञा दी गई है।

**समाज विज्ञान में अनुसंधान की विधि (Research Methodolgy in Soceret Science)**

अनुसंधान का मुख्य उद्देश्य समस्याओं और प्रश्नों के उत्तर एवम् निदान की खोज में वैज्ञानिक विधियों का प्रयोग करना होता है जिससे प्रश्नों के उत्तर और समस्याओं के निदान किसी पूर्वाग्रह के बिना प्रदान किए जा सकें। अनुसंधान सदैव समस्याओं अथवा प्रश्नों से प्रारम्भ होता है अतः अनुसंधान की निम्न विधि उपयोग में लाई जाती है जिसमें निम्न चरणों में होकर प्रक्रिया गुजरती है।

**1. अनुसंधान की समस्या (Problem of the Research)**

अनुसंधान की समस्या किसी स्थिति विशेष पर किसी असाध्य अर्थात् उलझन भरी समस्या या समाज की किसी आवश्यकता से सम्बन्धित होती है। सर्वप्रथम अनुसंधान की इस समस्या को सूत्रबद्ध किया जाता है।

**2. डेटाओं का संग्रह (Collection of Data)**

समस्या को सूत्रबद्ध कर लेने के पश्चात् किसी सुनिश्चित अथवा सुदृढ़ योजना के अनुसार निरीक्षण का कार्य प्रारम्भ किया जाता है जो वैज्ञानिक खोज की सर्वोत्तम विधि है। इस हेतु समस्या से सम्बन्धित डेटाओं का संग्रह किया जाता है जिसको संग्रह करने की अनेक विधियाँ हैं उनमें से किसी एक को इस कार्य हेतु अपनाया जाता है।

**3. डेटाओं का विश्लेषण (Analysis of Data)**

जब तथ्यों का संग्रह कर लिया जाता है तब उनका एक अभिलेख तैयार किया जाता है और तब उनका वर्गीकरण किया जाता है और वर्गीकरण की विशेषताओं के अनुसार उनकी साम्यता, भिन्नता तथा क्रियाकलाप, प्रक्रियाएँ

उनके कारण विभेद तथा निष्कर्ष के अनुसार आँकलित किया जाता है इस प्रक्रिया को डेटाओं का विश्लेषण कहते हैं।

**4. परिकल्पना की सूत्रबद्धता (Formation of Hypothesis)**

तथ्यों के विश्लेषण एवम् सत्यापन के बाद जो निष्कर्ष निकाले जाते हैं उनके आधार पर जिस सिद्धान्त के स्वरूप का सामान्यीकरण किया जाता है उसे परिकल्पना कहते हैं। समाज विज्ञानों के क्षेत्र में परिकल्पना को आदर्शमूलक सिद्धान्त (Normative Punciples) कहते हैं। इस प्रक्रिया के माध्यम से हम तदर्थ रूप से सिद्धान्तों को प्राप्त करते हैं जिन्हें वैज्ञानिक भाषा में परिकल्पना कहते हैं।

**5. परिकल्पना की सत्यता (Verification of Hypothesis)**

परिकल्पना अथवा आदर्शमूलक सिद्धान्तों की रचना के पश्चात् उसे प्रामाणिक सिद्ध करने हेतु तथा निष्कर्षों को स्पष्ट करने हेतु प्रयोगों के माध्यम से उनका परीक्षण करते हैं जिससे परिकल्पना की वस्तुस्थिति सामने स्पष्ट हो सके।

**प्रश्न-47 : अनुसंधान अभिकल्प में क्या विशेषताएँ होती हैं ? वर्णनात्मक एवम् निदानात्मक अभिकल्पों में क्या अन्तर है ? समझाइये ।**

किसी भी अनुसंधान के उद्देश्य को ध्यान में रखते हुए अध्ययन के विषय के विभिन्न पहलुओं को प्रकट करने हेतु पहले से ही योजना की जो रूपरेखा तैयार की जाती है उसे **अनुसंधान अभिकल्प** (Research Design) कहा जाता है। अनुसंधान अभिकल्प मुख्य रूप से अनुसंधान का कार्य प्रारम्भ करने से पूर्व अनुसंधान कार्य की वह प्रस्तावित व्यवस्थित रूपरेखा है जिसके अन्तर्गत निर्णय क्रियान्वित करने की स्थिति के पूर्व ही निर्णय निर्धारित करने की प्रक्रिया का संक्षिप्त वर्णन किया जाता है तथा जिसके आधार पर अनुसंधानकर्त्ता अपने अनुसंधान कार्य में आने वाली परिस्थितियों को नियन्त्रण में लाता है।

## परिभाषाएँ (Definitions)

1. निर्णय क्रियान्वित करने की स्थिति आने से पहले ही निर्णय निर्धारित करने की प्रक्रिया को अनुसंधान अभिकल्प कहा जाता है। —एक्रोफ
2. अनुसंधान अभिकल्प नियोजित अन्वेषण की एक ऐसी योजना, संरचना तथा व्यूह-रचना होती है जिसके आधार पर अनुसंधान प्रश्नों के उत्तर प्राप्त किए जाते हैं और प्रसरण पर नियन्त्रण स्थापित किया जाता है। —करलिंगर

## अनुसंधान अभिकल्प की विशेषताएँ (Characteristics of a Research Design)

किसी भी अनुसंधान अभिकल्प की निम्न विशेषताएँ होती हैं -

1. अनुसंधान अभिकल्प का अनुसंधान से प्रत्यक्ष सम्बन्ध होता है ।
2. अनुसंधान अभिकल्प अनुसधानकर्त्ताओं को मार्गदर्शन एवम् दिशा प्रदान करता है ।
3. अनुसंधान अभिकल्प अनुसंधान की जटिल प्रकृति को सरल बनाते हुए मानव श्रम की बचत करता है ।
4. अनुसंधान अभिकल्प का निर्माण अनुसंधान कार्य प्रारम्भ करने से पूर्व किया जाता है ।
5. अनुसंधान अभिकल्प अध्ययन पद्धतियों तथा अनुसंधान उद्देश्यों दोनों को जोड़ता है ।

## वर्णनात्मक एवम् निदानात्मक अभिकल्पों में अन्तर (Defference between Descriptive and Diagnostic Designs of Research)

वर्णनात्मक अनुसंधान अभिकल्प में समस्या अथवा विषय के सम्बन्ध में यर्थाथ तथ्यों के आधार पर वर्णनात्मक विवरण प्रस्तुत किया जाता है तथा निदानात्मक अनुसंधान अभिकल्प में वह अध्ययन होता है जो किसी विशिष्ट समस्या के निदान की खोज करता है अर्थात इसमें समस्या का पूर्ण एवम् विस्तृत अध्ययन किया जाता है। अनेक बार वर्णनात्मक अनुसंधान अभिकल्प को निदानात्मक अनुसंधान अभिकल्प समझ लिया जाता है जो ठीक नहीं है।

निदानात्मक अनुसंधान अभिकल्प का उद्देश्य समस्या का निदान प्रस्तुत करना है इसलिए वह अधिक संरचित होती है, प्राकल्पनाओं द्वारा निर्देशित होती है तथा समस्या के उपचार इत्यादि पर अधिक बल देती है। इन दोनों प्रकार के अभिकल्पों में निम्नलिखित प्रमुख अंतर हैं -

| | वर्णनात्मक अभिकल्प (Descriptive Research Design) | | निदानात्मक अभिकल्प (Diagnostic Research Design) |
|---|---|---|---|
| 1. | वर्णनात्मक अभिकल्प समस्या के प्रस्तुत स्वरूप का अध्ययन करता है। | 1. | निदानात्मक अभिकल्प सामाजिक संरचना में निहित अस्पष्ट सम्बन्धों तथा तात्कालिक सामाजिक समस्याओं के अध्ययन से सम्बन्धित होता है। |
| 2. | यह अभिकल्प समस्या से सम्बन्धित तथ्यों का वर्णन करता है । | 2. | यह समस्या का निदान प्रस्तुत करता है। |
| 3. | यह अभिकल्प पूर्ण रूप से परिकल्पनाओं द्वारा निर्देशित नहीं होता है । | 3. | यह अभिकल्प पूर्ण रूप से परिकल्पनाओं द्वारा निर्देशित होता है। |
| 4. | इस अभिकल्प का प्रमुख उद्देश्य ज्ञान प्राप्त करना होता है । | 4. | यह अभिकल्प कारण खोजने तथा उसके उपचार की ओर संकेत करने के उद्देश्य से किया जाता है। |
| 5. | यह अभिकल्प प्राय: प्रारम्भिक स्तरों पर होता है । | 5. | यह अभिकल्प प्राय: उच्च स्तर पर होता है। |
| 6. | यह अभिकल्प प्राय: ऐसे क्षेत्रों में अधिक उपयोगी है जहाँ समस्या से सम्बन्धित ज्ञान का पर्याप्त विकास नहीं हुआ है। | 6. | यह अभिकल्प उन क्षेत्रों के लिए उपयोगी है जहाँ समस्या के विषय में ज्ञान विकसित हो चुका है। |

इस प्रकार हम देखते हैं कि उपरोक्त दोनों अभिकल्पों में अन्तर अनुसंधान के उद्देश्य, उसका क्षेत्र, अध्ययन क्रम, पूर्व ज्ञान आदि के आधार पर होता है। अन्त में निष्कर्ष के रूप में यही कह सकते हैं कि उपरोक्त अभिकल्प अपने अपने गुणों के अनुसार उपयोगी हैं। अनुसंधानकर्त्ता अपनी सुविधा के अनुसार किसी भी अभिकल्प का चयन करके अनुसंधान कर सकता है।

## प्रश्न-48 : अनुसंधान में परिकल्पना से क्या आशय है ? समझाते हुए एक अच्छी परिकल्पना की विशेषताएँ भी बताइये ?

किसी भी प्रकार के अनुसंधान में तथ्यों एवम् विषयों के सत्यापन के बाद जो निष्कर्ष निकाले जाते हैं उनके आधार पर जिस सिद्धान्त के स्वरूप का

सामान्यीकरण किया जाता है उसे परिकल्पना (Hypothesis) कहते हैं। अनुसंधान में परिकल्पना का प्रयोग मुख्य रूप से प्राकृतिक विज्ञानों के अनुसंधानों में किया जाता है। सामाजिक विज्ञानों के सन्दर्भ में परिकल्पना को आदर्शमूलक सिद्धान्त कहते हैं। इस प्रकार इस प्रक्रिया एवम् कार्यक्रम के माध्यम से हम तदर्थ रूप से सिद्धान्तों को प्राप्त करते हैं जिन्हें वैज्ञानिक भाषा में परिकल्पना कहा जाता है।

अनुसंधान की प्रक्रिया में परिकल्पना का अत्यधिक महत्व होता है क्योंकि इसके अभाव में वैज्ञानिक अध्ययन सम्भव नहीं होता है। अनुसंधान करने में अनुसंधान की समस्या के कथन के तुरन्त बाद एक उपयुक्त परिकल्पना की रचना करनी पड़ती है जिससे अनुसंधानकर्त्ता को तर्कसंगत आंकड़ों के संकलन में सही मार्गदर्शन एवम् दिशा प्राप्त होती है तथा वैध एवम् शुद्ध निष्कर्ष प्राप्त करने में सुविधा तथा सरलता होती है। कुछ अध्ययनों का स्वरूप बहुत सरल एवम् साधारण होता है विशेषत: अनुसंधान की प्रारम्भिक अवस्था में अध्ययन कभी-कभी केवल सामान्य महत्व की जानकारी के लिए ही किया जाता है अत: ऐसे अध्ययनों में परिकल्पना की आवश्यकता नहीं होती है क्योंकि यहाँ समस्या के अध्ययन का मुख्य उद्देश्य केवल सामान्य डेटाओं का संकलन करना ही होता है और उससे प्राप्त जानकारी से ही अनुसंधान का प्रयोजन समाप्त हो जाता हैं लेकिन कुछ अध्ययन केवल कठोर मापदण्डों पर ही वैज्ञानिक होते हैं ये अध्ययन परिकल्पना के अभाव में सम्भव नहीं हो पाये हैं।

## उत्तम परिकल्पना की विशेषताएँ (Characteristics of Good Hypothesis)

किसी भी अनुसंधान हेतु परिकल्पना की रचना करना अत्यन्त आवश्यक होता है जिसमें निम्न विशेषताएँ होना आवश्यक है –

### 1. परीक्षण योग्य (Testable)

वैज्ञानिक तथ्यों एवम् नियमों की रचना के लिए परिकल्पना का परीक्षण योग्य होना अत्यन्त आवयक है। चिन्तनशील परिकल्पना तथा दार्शनिक परिकल्पना की अपेक्षा वर्तमान में परीक्षण योग्य परिकल्पना उत्तम रहती है क्योंकि इसमें वस्तुनिष्ठ, विश्वसनीय तथा वैज्ञानिक ज्ञान की रचना सम्भव होती है।

2. अन्य परिकल्पनाओं के अनुरूप (Similar with other Hypotheses)

वही परिकल्पना अधिक उपयुक्त रहती है जो कि पूर्व परिकल्पनाओं के अनुरूप होती है यद्यपि यह आवश्यक नहीं है।

3. अल्पव्ययी (Parsimonious)

जब किसी परिकल्पना के अध्ययन में अल्प व्यय, अल्प समय तथा अल्प साधनों की ही आवयकता होती है तब अन्य तत्वों के समान रहते हुए अल्पव्ययी परिकल्पना के लिए उस उत्तर का चयन किया जाना चाहिए जो अपनी समस्या का उपयुक्त उत्तर होता है।

4. तार्किक सरलता (Logical Simplicity)

एक उत्तम परिकल्पना में तर्क संगत सरलता का होना भी आवश्यक है जिससे उसकी तर्कसंगत एकता तथा बोधगम्यता सरलतम रूप से स्पष्ट हो सके।

5. कथन मात्रात्मक रूप में (Expressed in Quantitative Form)

मात्रात्मक अध्ययन में स्पष्टता तथा वस्तुनिष्ठता अधिक रहती है और उससे सांख्यिकीय विश्लेषण में अत्यधिक सुविधा रहती है अतः जहाँ तक सम्भव हो परिकल्पना का कथन मात्रात्मक रूप में ही अधिक रहता है।

6. समस्या का स्पष्ट उत्तर (Clear Answer of the Problem)

यदि सम्बन्धित समस्या के समाधान के अनेक उत्तर उपलब्ध हैं तब परिकल्पना हेतु उस उत्तर का चयन किया जाना चाहिए जो अपनी समस्या का उपयुवत उत्तर होता है।

7. अनेक परिणाम (Many consequences)

एक उत्तम परिकल्पना में अमूर्तकरण की अधिक से अधिक क्षमता होनी चाहिए जिससे अनेक उपयोगी निष्कर्ष प्राप्त हो सकें।

8. सम्बन्धित चरों की संक्रियात्मक परिभाषा (Operational Definitions of Relevant Variables)

चरों की संक्रियात्मक व्याख्या से उच्च स्तर के निश्चित वैज्ञानिक निष्कर्ष उपलब्ध होते हैं अतः एक परिकल्पना की रचना में सम्बन्धित चरों की यथासम्भव संक्रियात्मक व्याख्या सम्मिलित रहनी चाहिए।

**9. विधि उन्मुख (Method Oriented)**

परिकल्पना का स्वरूप ऐसा होना चाहिए जिससे कि अध्ययन में वैज्ञानिक विधि का उपयोग किया जा सके।

**10. सत्यापनीय (Varifiable)**

परिकल्पना ऐसी होनी चाहिए जिससे उसके अध्ययन की पुनरावृत्ति सरलतापूर्वक हो सके क्योंकि अध्ययन की पुनरावृत्ति से ही निश्चित, विश्वसनीय तथा वैध निष्कर्ष उपलब्ध होते हैं।

**11. पुष्टि तथा अस्वीकृति की समान सम्भावना (Equal chance of Confirmation and Rejection)**

वही परिकल्पना अधिक उपयुक्त रहती है जिसकी पुष्टि तथा स्वीकृति की सम्भावना लगभग समान अर्थात् 50-55 प्रतिशत होती है क्योंकि यदि परिकल्पना केवल पूर्व निश्चित तथ्यों को ही अपने अध्ययन का आधार बनाती है तब उससे कुछ विशेष उपयोगी परिणाम नहीं निकलते हैं ।

**प्रश्न-49 : परिकल्पना के कार्यों की विवेचना कीजिये ?**

जब कोई अनुसंधानकर्त्ता किसी एक समस्या का अनुभव करता है तब उसे उसके समाधान के लिए एक परिकल्पना की आवश्यकता होती है। एक उपयुक्त परिकल्पना की रचना में पूर्व स्थापित डेटाओं से पर्याप्त सहायता प्राप्त होती है जिसके परीक्षण से नवीन वैज्ञानिक डेटा उपलब्ध होते हैं। वैज्ञानिक अध्ययन परिकल्पना के अभाव में सम्भव नहीं हो पाते हैं। इस वैज्ञानिक शब्द का आशय अत्यन्त लचीला है अत: कुछ अध्ययन केवल कठोर मापदण्डों पर ही वैज्ञानिक होते हैं और कुछ साधारण मापदण्डों पर ही वैज्ञानिक कहे जा सकते हैं। करलिंगर ने भी स्पष्ट किया है कि परिकल्पना के अभाव में अनुसंधान सम्भव हो सकता है विशेषत: खोज अध्ययनों में परन्तु आधुनिक विज्ञान में जिसमें ज्ञान का आधार कठोर मापदण्ड तथा कठोर नियन्त्रण होता है उसमें परिकल्पनाओं के मार्गदर्शन के अभाव में ऐसी कल्पना करना कठिन है।

## परिकल्पना के कार्य (Functions of Hypothesis)

वैज्ञानिक अध्ययन के लिए एक उत्तम परिकल्पना की रचना अत्यंत महत्वपूर्ण तथा आवश्यक होती है जिसका मुख्य कारण है कि वैज्ञानिक अध्ययन में परिकल्पना की रचना का विशेष महत्व होता है तथा परिकल्पना से अध्ययन कार्य में अनेक सुविधाएँ प्राप्त होती हैं ये सुविधाएँ परिकल्पना द्वारा किए गए कार्यों द्वारा प्राप्त होती हैं। परिकल्पना के कार्य निम्न प्रकार हैं -

**1. परिकल्पना व्याख्या के रूप में कार्य करती है (It functions as an explanation)**

अज्ञात कारकों एवम् चरों के सम्बन्ध में परिकल्पना एक व्याख्या प्रस्तुत करती है। एक समस्या के सम्बन्ध में जब तक परिकल्पना की रचना नहीं होती तब तक समस्या के विभिन्न अंगों के सम्बन्धों का स्वरूप ठीक से ज्ञात नहीं हो पाता है अतः परिकल्पना की रचना इस अन्तराल तथा अभाव की पूर्ति करती है।

**2. अनुसंधान को प्रेरित करती है (It stimulus to research)**

अनुसंधान कार्य में जब तक परिकल्पना की रचना नहीं होती एक प्रकार की शिथिलता बनी रहती है परन्तु जैसे ही एक उपयुक्त परिकल्पना की रचना पूर्ण हो जाती है उससे अनुसंधान कार्य को एक प्रकार से उद्दीपन प्राप्त होता है। इसी प्रकार की नवीन परिकल्पनाएँ नवीन अनुसंधानों को प्रेरणा प्रदान करती हैं।

**3. अनुसंधान पद्धति के विकास में सहायक (Helpful in Research Methodology)**

कभी-कभी परिकल्पना का स्वरूप ऐसा होता है कि उसके अध्ययन के लिए एक नवीन प्रकार की अध्ययन पद्धति विकसित करने की आवश्यकता पड़ जाती है अतः परिकल्पना का स्वरूप कभी-कभी एक नवीन अध्ययन पद्धति के विकास में सहायक रहता है।

**4. संगठनात्मक शक्ति के रूप में कार्य करती है (Functions as an Organising Power)**

कोई भी परिकल्पना किसी घटना से सम्बन्धित अलग-अलग तथ्यों को एक सूत्र में पिरोती है। अलग-अलग अनुसंधानकर्ताओं द्वारा एक घटना के

सम्बन्ध में अलग-अलग तथ्य ज्ञात किये जाते हैं। नवीन परिकल्पनाओं की रचना से इस प्रकार के असंगठित ज्ञान को एक संगठित रूप दिया जाता है और इससे सिद्धान्त की रचना में सहायता मिलती है।

**5. प्रायोगिक तकनीकियों के मूल्यांकन की कसौटी के रूप में (It is a Criterion for Evaluating Experimental Techniques)**

एक नवीन परिकल्पना कभी-कभी परम्परागत प्रायोगिक तकनीकियों का भी मूल्यांकन करने में सहायक होती है जैसे — मान लो किसी अनुसंधान का उद्देश्य सड़क दुर्घटनाओं का कारण पता लगाना है इसके सम्बन्ध में दो परिकल्पनाएँ निर्मित की जा सकती हैं पहली परिकल्पना सड़क दुर्घटनाओं का कारण आँखों की दुर्बलता होती है तब इसके लिए वाहन चालकों की दृष्टिक्षीणता की जाँच करना आवश्यक हो जाता है। दूसरी परिकल्पना इस प्रकार प्रस्तुत की जा सकती है सड़क दुर्घटनाओं का कारण रात में सामने से आने वाले वाहनों के प्रकाश से चालकों की आँखों का अधिक चकाचौंध हो जाना होता है तब इस परिकल्पना की जाँच के लिए ऐसी प्रायोगिक तकनीक एवम् उपकरण विकसित करना पड़ेगा जिससे कि चालकों को प्रकाश से चकाचौंध की मात्रा का मूल्यांकन किया जा सके। इस प्रकार नवीन परिकल्पनाएँ कभी-कभी नवीन प्रायोगिक तकनीकियों एवम् उपकरणों के विकास में सहायक होती हैं ।

**6. समस्या के क्षेत्र को सीमाबद्ध करती है (It narows the Area of Research)**

परिकल्पना की रचना से अध्ययन का क्षेत्र सुनिश्चित होने के साथ-साथ सीमाबद्ध हो जाता है जिससे अध्ययन में अत्यधिक सुविधा प्राप्त होती है।

**7. सम्बन्धित डेटाओं के संकलन में सहायता (Helps in the collection of Relevant Data)**

परिकल्पना न केवल अनुसंधान के अध्ययन के क्षेत्र को ही सुनिश्चित एवम् सीमाबद्ध नहीं करती है बल्कि उससे सम्बन्धित डेटाओं के संकलन में भी सहायता करती है तथा उन्हें दिशा प्रदान करती है।

**8. चरों के मध्य विशिष्ट सम्बन्धों की जानकारी (It provides knowledge of specific relationship between variables)**

परिकल्पना की रचना से न केवल घटना से सम्बन्धित विशिष्ट चरों का पता लगता है बल्कि उनके अध्ययन में उनके विशिष्ट साहचर्य सम्बन्धों का भी पता लगता है।

**9. वैज्ञानिक निष्कर्षों व तथ्यों की जानकारी ( It provides knowledge of Scientific conclusions and facts )**

परिकल्पना की रचना से परिकल्पना के विषय में रचना के विशिष्ट सम्बन्धों का भी पता लगता है और साथ-साथ ही परिकल्पना के प्रमाणित हो जाने पर वैज्ञानिक निष्कर्षों एवम् तथ्यों की भी जानकारी प्राप्त होती है।

**10. सिद्धाँत की रचना में सहायता (Helps in the construction of Theory)**

जब किसी एक घटना से सम्बन्धित विभिन्न परिकल्पनाओं के आधार पर विभिन्न तथ्यों की प्रमाणित जानकारी उपलब्ध होती है तब इन तथ्यों को एक संगठित रूप में परिवर्तित करने पर सिद्धान्त की रचना में सहायता मिलती है।

**प्रश्न-50 : प्राथमिक डेटा तथा प्राथमिक स्रोत से क्या आशय है ? प्राथमिक स्रोतों के मुख्य गुणों की भी विवेचना कीजिए ।**

कोई भी अनुसंधानकर्त्ता अपने अनुसंधान में डेटाओं को आधार मानकर चलता है। डेटाओं के अभाव में वह अपना अनुसंधान कार्य संचालित नहीं कर सकता है। जब तक अनुसंधान से सम्बन्धित डेटा उसे उपलब्ध नहीं होंगे, वह न तो उनका विश्लेषण कर सकता है और न अपने अध्ययन-विषय का उपयोग कर सकता है। इसलिए अनुसंधानकर्त्ता को अपना अनुसंधानकार्य प्रारम्भ करने से पूर्व डेटाओं के भेद तथा स्रोतों के विभिन्न प्रकारों का ज्ञान होना आवश्यक है। जिन डेटाओं का अनुसंधान में विशेष महत्व है उन्हें निम्न दो भागों में विभाजित किया जाता है प्राथमिक तथा द्वितीयक डेटा। हम यहाँ प्राथिमिक डेटा के बारे में विवरण प्रस्तुत कर रहे हैं।

## प्राथमिक डेटा (Primary Data)

प्राथमिक डेटा वे होते हैं जिन्हें अनुसंधानकर्त्ता स्वयं घटना-स्थल पर जाकर या सम्बन्धित व्यक्तियों से साक्षात्कार, प्रश्नावली एवम् अनुसूची द्वारा प्राप्त करता है। इन्हें प्राथमिक इसलिए कहा जाता है कि अनुसंधानकर्त्ता प्रथम बार डेटाओं को मूल स्रोतों से प्राप्त करता है। **पी.वी. यंग** के अनुसार प्राथमिक डेटा प्रथम स्तर पर एकत्रित किए जाते हैं एवम् इनके संकलन एवम् प्रकाशन का उत्तरदायित्व उस अधिकारी पर रहता है जिसने मौलिक रूप में उन्हें एकत्रित किया था। प्राथमिक डेटा प्राप्त करने हेतु दो मुख्य स्रोत हैं समस्या से सम्बन्धित व्यक्ति तथा प्रत्यक्ष अवलोकन।

## प्राथमिक स्रोत (Primary Sources)

प्राथमिक स्रोत उन स्रोतों को कहते हैं जिनसे अनुसंधानकर्त्ता स्वयं प्रथम बार डेटाओं को संकलित करता है। वह इन डेटाओं को अपनी आवश्यकतानुसार एकत्रित करता है। डेटाओं को एकत्र करने में उसका व्यक्तिगत लगाव (Attachment) भी अत्यधिक महत्वपूर्ण भूमिका का निर्वाह करता है। जिस सम्बन्ध में डेटाओं का संकलन करना है उनका भली-भाँति निरीक्षण करके वह व्यर्थ डेटाओं को छोड़कर उपयोगी डेटाओं को प्राप्त करने का प्रयत्न करता है। इस प्रकार प्राथमिक स्रोत हमें प्रथम स्तर पर संकलित किए गए डेटा प्रदान करते हैं अर्थात जिन व्यक्तियों ने इन डेटाओं को एकत्रित किया है उनके द्वारा प्रस्तुत की गई सामग्री के ये मौलिक स्वरूप हैं।

प्राथमिक स्रोतों को सुविधा के अनुसार हम निम्न दो भागों में विभाजित कर सकते हैं —

1. प्रत्यक्ष स्रोत, तथा
2. अप्रत्यक्ष स्रोत ।

## प्राथमिक स्रोतों के गुण (Qualities of Primary Sources of Data)

अनुसंधानकर्त्ता द्वारा एकत्रित किए जाने वाले डेटाओं को प्राथमिक स्रोतों से प्राप्त किया जाता है। इन प्राथमिक स्रोतों में निम्न गुण होते हैं –

1. **स्वाभाविकता (Naturality)** — प्राथमिक स्रोतों के अन्तर्गत अनुसंधानकर्त्ता उत्तरदाताओं से घनिष्ठ सम्पर्क स्थापित कर सकता है अतः उनसे जो

0 0 × × + + – – + +                    +

0 0 × × + + – – 0 0                    0

इस उदाहरण से स्पष्ट है कि प्रतिचयन अपने समग्र का प्रतिनिधित्व करने वाला सूक्ष्म रूप होता है जिसके आधार पर सम्पूर्ण समग्र का अध्ययन किया जाता है। दूसरे शब्दों में प्रतिचयन के अध्ययन से प्राप्त परिणामों को समग्र पर लागू किया जाता है। इसी प्रकार किसी विद्यालय के विद्यार्थियों में से कुछ विद्यार्थियों का चयन कर उनकी लम्बाई का अध्ययन किया जाय तो यह प्रतिचयन विधि कहलाती है।

## प्रतिचयन विधि की विशेषताएँ (Characteristics)

प्रतिचयन विधि में निम्न विशेषताएँ होती हैं —

1. यह विधि अत्यन्त सरल होती है।
2. यह विधि वैज्ञानिक भी है।
3. यह विधि मितव्ययी है तथा साथ ही समय भी कम लगता है।
4. इस विधि में विस्तृत जाँच सम्भव हो जाती है।
5. इस विधि से प्राप्त निष्कर्ष समग्र विधि से प्राप्त निष्कर्ष के समान ही होते हैं।
6. इस विधि में सांख्यिकीय विभ्रम (Error) ज्ञात हो जाता है।
7. इस विधि में समय भी कम लगता है फिर भी खोज की आवश्यकता समाप्त नहीं होती है जो समग्र विधि में अधिक समय लग जाने के कारण समाप्त होने की सम्भावना हो जाती है।
8. यह व्यावहारिक जीवन में अधिक प्रचलित एवम् उपयोगी विधि है।

## प्रतिचयन विधि का महत्व (Importance of Sampling Method)

आधुनिक समय में अनुसंधान हेतु डेटाओं के संकलन में इस प्रतिचयन विधि का सर्वाधिक उपयोग किया जा रहा है जो सफलतापूर्वक किया जाता है। दैनिक उपयोग की वस्तुओं को क्रय करने हेतु उनकी जाँच के नमूना अर्थात प्रतिचयन विधि का ही सहारा लिया जाता है। व्यावहारिक जीवन के बहुत से विषयों में तो समंक संग्रहीत करने की समग्र विधि सम्भव ही नहीं होती है

इसके साथ ही समग्र विधि अधिक व्ययसाध्य तथा समयसाध्य भी होती है उन सभी परिस्थितियों में जहाँ समग्र विधि या तो अनुपयुक्त है अथवा असम्भव है अनुसंधान प्रतिचयन पर निर्भर करता है। प्रतिचयन के महत्व का आभास जीवन में हमें पग-पग पर मिलता है। प्रतिचयन विधि का प्रयोग यद्यपि अधिक पुराने समय से ही होता आ रहा है परन्तु आधुनिक युग को तो प्रतिचयन का युग ही कहा जा सकता है। इसका कारण यह है कि आज समग्र की जाँच न करके प्रतियचन जाँच के आधार पर ही निष्कर्ष एवम् निर्णय लिए जाते हैं। गणितीय सिद्धान्तों की सहायता से प्रतिचयन विधि द्वारा भी वही परिणाम प्राप्त होते हैं जो समग्र विधि के आधार पर प्राप्त होते हैं। इस प्रकार प्रतिचयन विधि मानवीय जीवन के प्रत्येक क्षेत्र में बहुत ही उपयोगी है। इस विधि के महत्व को बताते हुए प्रसिद्ध सांख्यिकीविद **स्नेडेकोर** (Snedecor) ने लिखा है — **केवल कुछ पौण्ड कोयले की जाँच के आधार पर एक गाड़ी कोयला स्वीकृत या अस्वीकृत कर दिया जाता है। केवल एक बूँद रक्त की जाँच करके एक रोगी के सम्पूर्ण शरीर के रक्त की परीक्षा की जाती है।**

## प्रश्न–52 : प्रतिचयन की परिभाषा कीजिए तथा प्रतिचयन की विभिन्न विधियों की भी विवेचना कीजिए ?

**प्रतिचयन** को समझाते हुए **डेमिंग** महोदय ने कहा है कि प्रतिचयन वह कला तथा विज्ञान है जिसकी सहायता से उपयोग में लाये जाने वाले डेटाओं की विश्वसनीयता पर प्रसम्भाव्यता सिद्धान्त द्वारा नियन्त्रण रखा जाता है। आधुनिक अनुसंधान प्रक्रिया में प्रतिचयन से अभिप्राय उस क्रमबद्ध चयन-पद्धति से है जिसकी सहायत से एक समग्र से सम्बन्धित वैज्ञानिक अध्ययन के लिए कम से कम इकाइयों के उपयोग की आवश्यकता पड़ती है। इस प्रकार प्रतिचयन के द्वारा प्रतिदर्श को अपने समग्र का प्रतिनिधि बनाया जाता है।

### परिभाषाएँ (Definitions)

1. एक प्रतिचयन जैसा कि नाम से स्पष्ट है, एक विस्तृत समूह का अपेक्षाकृत छोटा प्रतिनिधि है। — **गुडे एवम् हॉट्ट**
2. एक प्रतिचयन उस सम्पूर्ण समूह अथवा योग का एक अति लघु चित्र है जिसमें से कि प्रतिचयन लिया गया है। — **पी.वी. यंग**

3. प्रतिचयन का पूर्व निर्धारित योजना के अनुसार इकाइयों के एक समूह में से एक निश्चित प्रतिचयन का चुनाव है। — **बोगारडस**

4. प्रतिचयन शब्द का प्रयोग केवल किसी समग्र वस्तु की इकाइयों के एक सैट या भाग के लिए किया जाना चाहिए जिसे इस विश्वास के साथ चुना गया है कि वह समग्र का प्रतिनिधित्व करेगा। — **फ्रांक याटोन**

## प्रतिचयन/निदर्शन की विभिन्न विधियाँ (Sampling Techniques)

समग्र से प्रतिचयन चुनने की प्रमुख विधियाँ निम्न होती हैं —

### 1. सविचार प्रतिचयन (Deliberate Sampling)

इस विधि में यह बात अनुसंधानकर्ता की इच्छा पर निर्भर करती है कि किन-किन इकाइयों को चुनना है। वह केवल उन इकाइयों को चुनता है जो उसकी दृष्टि में समष्टि की विशेषताओं का प्रतिनिधित्व करती हैं। यह विधि सरल होते हुए भी दोषपूर्ण है क्योंकि किसी भी अनुसंधानकर्ता के लिए पक्षपात रहित होकर इकाइयों का चुनाव करना अत्यन्त कठिन हो जाता है क्योंकि अनुसंधानकर्ता अपनी इच्छा से स्वाभाविक रूप से प्रभावित हो सकता है और यही कारण है कि दो अनुसंधानकर्ताओं द्वारा चुने गये प्रतिचयनों में अन्तर होता है। यदि प्रतिचयन भिन्न-भिन्न होंगे तो परिणामों में भी भिन्नता होगी।

### 2. यादृच्छिक प्रतिचयन (Random Sampling)

प्रतिचयन की यह विधि श्रेष्ठ विधि है क्यों चयनकर्ता की पक्षपात की भावना का प्रभाव इसमें नहीं पड़ता है। इस विधि में समग्र की प्रत्येक इकाई को चुने जाने की सम्भावना रहती है। इकाइयों का चुनाव आकस्मिक ढंग से होता है। इसमें इकाइयों का चयन मनुष्य के हाथ में न होकर दैव (भाग्य) पर निर्भर करता है इसलिए इसका एक नाम **दैव प्रतिचयन** भी है।

### 3. मिश्रित अथवा स्तरित प्रतिचयन (Mixed or Stratified Sampling)

प्रतिचयन की यह विधि सविचार तथा यादृच्छिक प्रतिचयम दोनों का मिश्रण है। इसमें सर्वप्रथम समग्र को सविचार प्रतिचयन द्वारा किसी गुण विशेष के आधार पर कई भागों में विभाजित कर देते हैं इसके उपरान्त यादृच्छिक प्रतिचयन के द्वारा प्रत्येक भाग में कुछ पदों को चुन लिया जाता है। इस विधि का उपयोग वहीं उपयुक्त होता है जहाँ समग्र में विविध विशेषताओं वाले पद पाये जाते हैं।

**4. व्यवस्थित प्रतिचयन (Systematic Sampling)**

प्रतिचयन की इस विधि में समस्त इकाइयों को क्रमबद्ध रूप में लिखकर उन पर क्रमांक डाल दिया जाता है फिर आवश्यकतानुसार इकाइयों को चुन लेते हैं और प्रतिदर्श तैयार कर लेते हैं।

**5. अन्य विधियाँ (Other Techniques)**

उपरोक्त विधियों के अतिरिक्त कुछ अन्य विधियाँ भी प्रयोग में लाई जाती हैं जैसे — **सुविधानुसार** प्रतिचयन में अनुसंधानकर्ता अपनी सुविधा से विधि चुन लेता है। **कोटा (Quota)** प्रतिचयन में प्रगणकों को निर्देश रहता है कि किस भाग में से कितनी इकाइयों का चयन करना है। **बहुस्तरीय** प्रतिचयन में इकाइयों का चयन एक बार न होकर कई बार विभिन्न स्तरों पर होता है। **बहुचरण** प्रतिचयन में एक ही न्यादर्श से उपन्यादर्श समस्यानुसार चुन लिए जाते हैं। इन उपन्यादर्शो को क्रमशः प्रथम, द्वितीय, तृतीय चरण न्यादर्श कहते हैं। **विस्तृत** प्रतिचयन में बहुत विस्तृत न्यादर्श लिया जाता है जिसमें कुछ इकाइयाँ छूट पाती हैं।

## प्रश्न-53 : अनुसंधान में तथ्यों के विश्लेषण की प्रक्रिया किस प्रकार चलती है ? समझाइये ।

किसी भी अनुसंधान में तथ्यों का संकलन एक महत्वपूर्ण प्रक्रिया है परन्तु मात्र तथ्यों के संकलन से ही किसी उद्देश्य की पूर्ति नहीं हो जाती है। अतः सबसे महत्वपूर्ण कार्य तथ्यों को सुव्यवस्थित करके उनका विश्लेषण करना (Data Analysis) है। तथ्यों का विश्लेषण किए बिना उनका वास्तविक उपयोग अनुसंधान कार्य में नहीं हो सकता। तथ्य विश्लेषण किए बिना अनुसंधान का कार्य सच्चे अर्थों में अधूरा ही रहता है। यदि कोई अनुसंधानकर्त्ता ठोस परिणामों पर पहुँचने की तीव्र इच्छा रखता है तो उसे विश्लेषण कार्य पर भी अधिक बल देना होता है क्योंकि इसके बिना परिणामों की घोषणा नहीं की जा सकती है। इसलिए यदि हम किसी घटना के कार्य-कारणों का सम्बन्ध जानना चाहें या उनकी व्याख्या करना चाहें तो हमें तथ्यों का विश्लेषण करना होगा। तथ्यों की सत्यता केवल तथ्यों के विश्लेषण करने पर ही प्राप्त हो सकती है।

## तथ्यों के विश्लेषण की प्रक्रिया (Process of Data Analysis)

पी.वी. यंग के अनुसार तथ्यों के विश्लेषण करने की प्रक्रिया निम्न प्रकार चलती है-

### 1. तथ्यों की नापतौल करना (Weighing of Data)

अनुसंधान हेतु तथ्यों को उपयोगी बनाने के लिए यह परम आवश्यक है कि उनका परीक्षण कर लिया जाय जिसमें यह देखा जाना आवश्यक है कि तथ्यों में यर्थाथता एवम् वैषयिकता विद्यमान है अथवा नहीं। तथ्यों में यथार्थता की अनुपस्थिति में तथ्यों का विश्लेषण कितने ही सुन्दर ढंग से क्यों न किया गया हो उससे कोई प्रयोजन सिद्ध नहीं होता। तथ्यों में वैषयिकता का गुण भी विद्यमान होना आवश्यक है लेकिन यह भी नहीं भूलना चाहिए कि संकलित तथ्य महत्वहीन या महत्त्वपूर्ण हो सकते हैं केवल महत्वपूर्ण तथ्यों को ही स्थान दिया जाना चाहिए। इसके अतिरिक्त यह जाँच भी की जानी चाहिए कि तथ्य सम्बन्धित समूह का उचित प्रतिनिधित्व करते हैं या नहीं।

### 2. रूपरेखा तैयार करना (Preparation of an Outline)

रूपरेखा तैयार करने से महत्वपूर्ण तथ्यों को आसानी से समझा जा सकता है। रूपरेखा तैयार करने में अत्यन्त सावधानी बरतनी चाहिए। इसका निर्माण स्पष्ट मान्यताओं पर होना चाहिए। वैज्ञानिक ढंग से बनाई गई रूपरेखा अनुसंधान के महत्वपूर्ण पक्षों का रहस्योद्घाटन करती है। यह तथ्यों के पारस्परिक सम्बन्धों का रहस्योद्घाटन करती है।

### 3. क्रमबद्ध वर्गीकृत करना (Systematic Classification)

तथ्यों की रूपरेखा तैयार करने के पश्चात उनका वर्गीकरण किया जाना चाहिए। वर्गीकरण के आधार पर तथ्यों में पाई जाने वाली समानता अथवा असमानता का ज्ञान तुरन्त हो सकता है। तथ्यों के वर्गीकरण किए बिना हम बिखरे हुए तथ्यों से किसी प्रकार का उपयोगी अध्ययन नहीं कर सकते हैं। अतः यह आवश्यक है कि तथ्यों का व्यवस्थित ढंग से वर्गीकरण किया जाय ताकि उनमें तुलनात्मक एवम् पारस्परिक सम्बन्ध एवम् विभिन्नता का ज्ञान सुगमता से हो सके।

**4. अवधारणाओं का निर्माण (Formation of Concepts)**

तथ्यों के वर्गीकरण के पश्चात अवधारणा का निर्माण करना आवश्यक होता है क्योंकि अवधारणा के द्वारा किसी घटना विशेष या परिस्थिति को समझा जा सकता है। अवधारणा किसी एक तथ्य का प्रतिनिधित्व करती है। उदाहरण के लिए पुराने लोगों के विचारों, मूल्यों तथा व्यवहार में आधुनिक लोगों के व्यवहार, आदतों एवम् मूल्यों में अत्यधिक भिन्नता पाई जाती है तब हम इसे प्रदर्शित करने हेतु पीढ़ी खाई (Generation Gap) कहा जाता है जो एक अवधारणा बन जाती है। अवधारणा के आधार पर हम दोनों पीढ़ियों के गुणों एवम् प्रकृति को समझ सकते हैं। अवधारणा गागर में सागर का कार्य करती है। अवधारणा का विचार मस्तिष्क में आते ही हमारे सम्मुख सम्पूर्ण दृश्य उपस्थित हो जाता है।

**5. तथ्यों की तुलना एवम् व्याख्या (Comparison and Interpretation)**

अवधारणा के निर्माण से तथ्यों के प्रतिमान (Pattern) स्पष्ट हो जाते हैं जिनकी तुलना की जा सकती है जिससे तथ्यों का स्पष्टीकरण हो जाता है तथा उनकी गहनशीलता के बारे में और अधिक विस्तृत जानकारी प्राप्त कर सकते हैं। संकलित (एकत्रित) तथ्यों का विश्लेषण करके जो निष्कर्ष निकाले जाते हैं उस प्रक्रिया को व्याख्या कहते हैं। व्याख्या से कार्य-कारण के सम्बन्ध को स्पष्ट करने की प्रयास किया जाता है बिना कार्य-कारण के व्याख्या का कोई औचित्य नहीं है। कोई भी व्याख्या स्पष्ट एवम् सरल होनी चाहिए जिससे अन्य अनुसंधानकर्त्ता भी लाभ उठा सकें। व्याख्या में कोई जटिलता नहीं होनी चाहिए।

**6. सिद्धान्तों का प्रतिपादन (Formulation of Theories)**

तथ्यों की व्याख्या के पश्चात् सिद्धान्तों का प्रतिपादन किया जाता है अत: इसके सम्बन्ध में सर्वाधिक सावधानी बरतने की आवश्यकता है। सिद्धान्त के प्रतिपादन का अर्थ यह होता है कि अनुसंधान के मुख्य उद्देश्य की पूर्ति हुई अथवा नहीं। सिद्धान्त को स्पष्ट एवम् सुव्यवस्थित रूप में व्यक्त किया जाना चाहिए। इसमें भाषा का प्रयोग सुग्राह्य एवम् सरल रूप में किया जाना चाहिए तथा सिद्धान्त को प्रस्तुत करने की प्रणाली भी बड़ी सरल होनी चाहिए ताकि अन्य लोग भी इसको समझ सकें।

**प्रश्न-54 : किसी भी अनुसंधान का प्रतिवेदन प्रस्तुत करने के कारणों का उल्लेख करते हुए प्रतिवेदन लेखन की योजना भी प्रस्तुत कीजिए ?**

कोई भी अनुसंधानकर्त्ता जब अपना अनुसंधानकार्य पूर्ण एवम् समाप्त कर लेता है तब उसे अपने अनुसंधानकार्य को एक प्रतिवेदन (Report) के रूप में प्रस्तुत करना होता है जिसे **अनुसंधान प्रतिवेदन** (Research Report) कहते हैं। अनुसंधान प्रतिवेदन के अन्तर्गत अनुसंधानकर्त्ता को अपने अनुसंधान से सम्बन्धित विशेष गुणों को प्रदर्शित न करके अनुसंधान कार्य से सम्बन्धित तथ्य स्पष्ट एवम् आवश्यक रूप से प्रदर्शित करने होते हैं।

अनुसंधान प्रतिवेदन में स्पष्ट रूप से निम्न तथ्यों पर प्रकाश डालना होता है कि —

(अ) अनुसंधान की क्या समस्या रही है।

(ब) अनुसंधान को सम्पन्न करने का तर्कसंगत आधार क्या रहा है।

(स) अनुसंधान का विधितंत्र क्या रहा है।

(द) अनुसंधान से क्या परिणाम प्राप्त हुए हैं।

(य) अनुसंधान में अनुसंधानकर्त्ता ने स्वयं क्या निष्कर्ष प्राप्त किए हैं।

**अनुसंधान प्रतिवेदन प्रस्तुत करने के कारण (Purpose of Research Report)**

अनुसंधानकर्त्ता को अपने अनुसंधान के प्रतिवेदन को प्रस्तुत करना अनेक कारणों से आवश्यक तथा एक प्रकार से अनिवार्य होता है। वे कारण निम्न प्रकार हैं —

1. अनुसंधान प्रतिवेदन प्रस्तुत करने का प्रथम तथा प्रमुख कारण यह होता है कि इस प्रकार प्रतिवेदन के प्रस्तुतीकरण में स्वयं अनुसंधानकर्त्ता की अपनी स्वयं की एक प्रबल जिज्ञासा की सन्तुष्टि होती है।

2. इसके प्रस्तुत करने का दूसरा कारण यह होता है जब तक प्रतिवेदन प्रस्तुत एवम् प्रकाशित नहीं होता है तब तक सम्बन्धित क्षेत्र में अन्य अनुसंधानकर्त्ताओं को इस अनुसंधानकर्त्ता द्वारा सम्पन्न किए गए अनुसंधानकार्य

का पता नहीं लग पाता है और ऐसा अनुसंधान चाहे वह कितना ही उच्च कोटि एवम् महत्वपूर्ण क्यों न हो एक प्रकार से अनुसंधान जगत से अदृश्य एवम् उपेक्षित ही रहता है।

3. अनुसंधान प्रतिवेदन प्रस्तुत करने का तीसरा कारण अनुसंधान का एक सामान्य उद्देश्य प्रायः वैज्ञानिक भण्डार को निरन्तर विकसित करना तथा उनमें वृद्धि करना रहता है। क्योंकि यदि किये गये अनुसंधान के निष्कर्षों एवम् परिणामों को अनुसंधान प्रतिवेदन के माध्यम से अनुसंधान पत्रिकाओं में प्रकाशन हेतु प्रस्तुत ही नहीं किया जाता है तब विद्यमान वैज्ञानिक ज्ञान भण्डार में वृद्धि एवम् विकास होने का प्रश्न ही नहीं उठता है।

4. इन कारणों के अतिरिक्त एक कारण अनुसंधान प्रतिवेदन प्रस्तुत करने का यह भी है कि इस क्षेत्र से सम्बन्धित अन्य अनुसंधानकर्त्ता भी अनुसंधान के इस प्रतिवेदन को भी देखें एवम् जानें तथा इसके सम्बन्ध में अपनी टिप्पणी अथवा आलोचना प्रस्तुत करें और कोई अनुसंधानकर्ता यदि आवश्यक समझे तो उस पर अपना कार्य आगे बढ़ा सके। इस प्रकार अनुसंधान प्रतिवेदन के प्रस्तुतीकरण से नवीन अनुसंधानों के प्रति प्रेरणा प्राप्त होती है। इससे सैद्धान्तिक ज्ञान रचना में भी सहायता मिलती है और इससे कभी-कभी किसी एक व्यावहारिक समस्या के समाधान में सुविधा सुलभ होती है।

इस प्रकार अनुसंधान प्रतिवेदन के प्रस्तुतीकरण से वैज्ञानिक जगत के प्रति सैद्धान्तिक एवम् व्यावहारिक सम्प्रेषण तथा महत्वपूर्ण योगदान की विशिष्ट भूमिका सम्पन्न होती है तथा साथ ही साथ नवीन अनुसंधानों की रचनात्मक पृष्ठभूमि भी प्रशस्त होती रहती है।

## अनुसंधान प्रतिवेदन लेखन की योजना (Planning of writing Research Report)

प्रत्येक अनुसंधानकर्ता का यह कर्त्तव्य हो जाता है कि वह अपने अनुसंधान से सम्बन्धित परिणामों एवम् निष्कर्षों से अन्य अनुसंधानकर्त्ताओं को अवगत कराने हेतु अनुसंधान प्रतिवेदन लिखे और उसे प्रकाशन के लिए प्रेषित करे। अनुसंधान प्रतिवेदन प्रस्तुत करने हेतु यह आवयक है कि अनुसंधानकर्त्ता को प्रतिवेदन लेखन की शैली, उसके सिद्धान्तों एवम् तकनीकियों की अच्छी

जानकारी हो क्योंकि मान्य सिद्धान्तों के आधार पर लिखे एवम् प्रस्तुत किए गए अनुसंधान प्रतिवेदन प्रभावकारी एवम् अर्थवान होते हैं। चूँकि अनुसंधान प्रतिवेदन दूसरों के लिए प्रस्तुत किया जाता है इसलिए इसे उत्तम ढंग से लिखा जाना चाहिए अन्यथा यह आलोचना का विषय मात्र होगा साथ ही अनुसंधानकर्त्ता के परिश्रम का पूर्ण मूल्यांकन भी न कर पायेगा। इसलिए अनुसंधान प्रतिवेदन तैयार करते समय निम्न बातें अवश्य ध्यान में रखनी चाहिए।

1. सबसे पले यह विचार कर लेना चाहिए कि वह पाठक वर्ग कौन-सा है जिसके लिए प्रतिवेदन लिखा जा रहा है जैसे — शैक्षिक, वैज्ञानिक अथवा सामान्य समुदाय।
2. इसके बाद पाठक वर्ग के सम्प्रेषण गुणों का भी ध्यान रखना चाहिए। इसमें यह देखा जाता है कि पाठक वर्ग के ज्ञान एवम् समझ में क्या अन्तर है साथ ही पाठक वर्ग की आवश्यकता एवम् इच्छाओं का भी ध्यान में रखना चाहिए।
3. प्रतिवेदन लिखने का उद्देश्य क्या है इस बात को भी ध्यान में रखना चाहिए जैसे कि अनेक प्रतिवेदन मात्र कोई उपाधि जैसे — पीएच.डी. आदि के उद्देश्य से लिखे जाते हैं अथवा वैज्ञानिकों तथा सहयोगी अनुसंधानकर्त्ताओं हेतु सन्दर्भ के रूप में उपयोग किए जाने के लिए लिखे जाते हैं।
4. प्रतिवेदन के प्रकार, उद्देश्य, विषय-वस्तु, लेखन शैली आदि पर भी विचार करना चाहिए । लेखन शैली सरल, स्पष्ट एवम् बोधगम्य होनी चाहिए ।

**प्रश्न–55 : किसी अनुसंधान प्रतिवेदन के आवश्यक घटकों की व्याख्या कीजिए ?**

अनुसंधान प्रारम्भ किया जाता है तो उसका परिणाम एवम् निष्कर्ष जो प्राप्त हुआ है उसे अन्य लोगों तथा पहुँचाने के लिए उस अनुसंधान का प्रतिवेदन लिखा एवम् प्रस्तुत किया जाता है जिसे अनुसंधान प्रतिवेदन कहते हैं। अनुसंधान प्रतिवेदन की रूपरेखा (Outline) पहले तैयार की जाती है जिसमें 3 मुख्य भाग होते हैं।

**( अ ) प्रारम्भिक भाग** (Preliminaries)

इस भाग में प्रतिवेदन का मुखपृष्ठ, अनुसंधानकर्त्ता का घोषणा-पत्र, अनुसंधान निदेशक का प्रमाण-पत्र, प्राक्कथन, विषय-सूची, सारणी सूची तथा चित्रों की सूची होती हैं। ये सभी प्रतिवेदन के पहले भाग में सम्मिलित किये जाते हैं।

**( ब ) प्रतिवेदन का मूल भाग** (Main body of the Report)

अनुसंधान प्रतिवेदन का यह भाग ही मुख्य भाग होता है जिसमें सर्वप्रथम प्रस्तावना, सम्बन्धित साहित्य का सर्वेक्षण, अनंसुधान प्रक्रिया (Methodology), डेटाओं का प्रस्तुतीकरण एवम् विश्लेषण, निष्कर्ष एवम् सारांश तथा संस्तुतियाँ यदि कोई हों आदि सम्मिलित होता है।

**( स ) संदर्भ भाग** (References)

इस भाग में पाद टिप्पणियाँ, ग्रन्थसूची, परिशिष्ट, अनुक्रमणिका आदि सम्मिलित होते हैं।

## अनुसंधान प्रतिवेदन के आवश्यक घटक (Essential Factors of Report)

अनुसंधान प्रतिवेदन का **मुख्य भाग** ही सर्वाधिक महत्वपूर्ण होता है और वही भाग अत्यधिक उपयोगी भी होता है इसलिए मुख्य भाग पर ही विशेष ध्यान दिया जाता है। मुख्य भाग के कुछ आवश्यक घटक हैं जिन्हें प्रतिवेदन के आवश्यक घटक ही कहा एवम् माना जाता है जो निम्न प्रकार हैं -

**1. शीर्षक** (Title)

किसी भी अनुसंधान प्रतिवेदन का एक शीर्षक होता है जो स्वयं अनुसंधानकर्त्ता द्वारा ही अपने अनुसंधान के लिए प्रयुक्त किया गया होता है। शीर्षक न अधिक विस्तृत और न अधिक संक्षिप्त होना चाहिए। जैसे- Study of MHD flow problems यह न अधिक विस्तृत है और न अधिक संक्षिप्त।

**2. परिचय** (Introduction)

अनुसंधान के परिचय से तात्पर्य अनुसंधान की समस्या से सम्बन्धित सैद्धान्तिक पृष्ठभूमि के संक्षिप्त विवरण से होता है इसमें प्रस्तुत अनुसंधान की

भूमिका को प्रस्तुत किया जाता है जिसमें प्राय: निम्न बिन्दुओं पर प्रकाश डाला जाता है।

(अ) समस्या तथा उसका तर्कसंगत आधार ।

(ब) परिकल्पना की रचना तथा उसका सैद्धान्तिक आधार ।

(स) मुख्य पदों की संक्रियात्मक व्याख्या ।

**3. प्रक्रिया विधि (Methodology)**

अनुसंधान की प्रक्रिया विधि के अन्तर्गत अनुसंधान से सम्बन्धित परिकल्पना के परीक्षण की प्रक्रिया को प्रस्तुत करना होता है तथा सम्बन्धित आँकड़ों के संकलन पर प्रकाश डाला जाता है। इसमें निम्न भाग होते हैं –

**(अ) प्रतिदर्श एवम् प्रतिचयन (Sample and Sampling)** — इस भाग में अनुसंधानकर्त्ता को अपने प्रतिदर्श तथा प्रतिदर्श के प्रयोज्यों के प्रतिचयन की प्रक्रिया को बताना होता है तथा यह स्पष्ट करना होता है कि अध्ययन से सम्बन्धित समूहों में प्रयोज्यों को किस प्रकार यादृच्छिकृत (Randomized) किया गया है और यदि यादृच्छिकृत नहीं किया गया है तब ऐसा क्यों सम्भव नहीं हो सकता है।

**(ब) चरों का मापन (Measurement of Variables)** — इस भाग में अनुसंधानकर्त्ता को सम्बन्धित चरों के नियन्त्रण, मापन एवम् अभिलेखन की विधियों को संक्षेप में व्यक्त करना होता है।

**(स) विश्लेषण की विधि (Method of Analysis)** — डेटाओं के संकलन के पश्चात् उनके विश्लेषण की विधि आदि का भी उल्लेख करना होता है। कौन-सी पद्धति जैसे टी-परीक्षण, काई वर्ग परीक्षण, प्रसार विश्लेषण का प्रयोग किया है तथा यह भी बताया जाता है कि डेटाओं के संकलन के लिए पहले किस प्रकार के पथ-प्रदर्शी अध्ययन (Pilot Studies) तथा पूर्व परीक्षण (Pre-tests) सम्पन्न किए गए हैं तथा उनसे प्रक्रिया विधि सम्बन्धी क्या जानकारी उपलब्ध हुई है।

**4. परिणाम, विवेचन एवम् निष्कर्ष (Results, Interpretation and Conclusions)**

प्राप्त डेटाओं के विश्लेषण के आधार पर अनुसंधानकर्त्ता को अपने प्रतिवेदन के अन्त में परिणाम, उसका विवेचन तथा अनुसंधानकर्त्ता ने स्वयं क्या

निष्कर्ष निकाले हैं ये सभी बातें इस घटक में प्रस्तुत की जाती हैं। यहाँ मुख्य प्रश्न यह रहता है कि जो डेटा अनुसंधानकर्त्ता ने एकत्रित किए हैं तथा उनसे जो परिणाम व निष्कर्ष निकला है उनसे सम्बन्धित परिकल्पना की पुष्टि हुई है अथवा नहीं। इसके लिए अनुसंधानकर्त्ता को अति सावधानीपूर्वक तथ्यों को यथासम्भव परिशुद्ध तथा यर्थाथरूप से प्रस्तुत करना पड़ता है। अपने कथन की पुष्टि में सम्बन्धित डेटाओं की तालिका, सार्थकता के परीक्षण एवम् परिणाम को भी प्रतिवेदन में यथास्थान संक्षिप्त रूप में सम्मिलित करना होता है।

**5. अनुसंधान की उपयोगिता (Utility of the Research)**

सबसे अन्त में यह भी स्पष्ट करना होता है कि प्रस्तुत अनुसंधान के निष्कर्षो की अनुप्रयुक्ति की परिसीमाएँ क्या हैं ? प्रस्तुत अनुसंधान के निष्कर्ष किस सीमा तक उपादेय अथवा उपयोगी हैं ? इसके बाद सबसे अन्त में प्रायः अनुसंधान से सम्बन्धित सन्दर्भ ग्रन्थ एवम् अनुसंधान पत्रिकाओं का क्रमबद्ध परन्तु संक्षिप्त विवरण देना भी तर्कसंगत माना जाता है।

## प्रश्न–56 : भारत में अनुसंधान के विकास में अनुसंधान संगठनों की भूमिका की विवेचना कीजिए ?

अनुसंधान के बिना ज्ञान की प्राप्ति सम्भव नहीं है।अनुसंधान एवम् ज्ञान एक दूसरे के पूरक हैं। समाज के सुव्यवस्थित एवम् सुसंगठित विकास हेतु अनुसंधान एक माध्यम है। भारत में अनुसंधान का एक लम्बा इतिहास है। प्राचीन काल में हमारे महात्माओं, ऋषियों-मुनियों ने अनेक क्षेत्रों में उच्च स्तरीय अनुसंधान किया था। भारत के विभिन्न क्षेत्रों के अनुसंधानकर्त्ताओं में मुख्य रूप से आर्यभट्ट, ब्रह्मगुप्त, श्रीधर, भास्कर आदि प्रसिद्ध रहे हैं जिन्होंने अपने अनुसंधान के द्वारा विश्व में गणित एवम् ज्योतिष के क्षेत्र में क्रान्तिकारी सिद्धान्त प्रदान किए। आयुर्विज्ञान में चरक तथा शल्य चिकित्सा में सुश्रुत का नाम भी विशेष उल्लेखनीय है। यह सभी अनुसंधान केवल व्यक्तिगत रुचि तक ही सीमित था तथा इसका लक्ष्य केवल आत्मसन्तुष्टि ही रहता था।

**1. स्वतंत्रता के पूर्व (Before Independence)**

भारत में अनुसंधान का व्यावहारिक रूप वर्तमान समय में देखने को

मिलता है। अँग्रेजों ने भारत में आकर व्यावहारिक अनुसंधान की आवश्यकता पर बल दिया तथा आधुनिक भारत में अनुसंधान को नवीन दिशा प्रदान की। अँग्रेजों ने भारत में अनुसंधान को प्रोत्साहन प्रदान करने हेतु अनेक संगठनों की विभिन्न क्षेत्रों में स्थापना की थी इनमें से कुछ महत्वपूर्ण निम्न प्रकार हैं -

1. एशियाटिक सोसाइटी ऑफ कलकत्ता (1784)
2. बोटेनीकल गार्डन, कलकत्ता (1788),
3. भारतीय भूविज्ञान सर्वे, कलकत्ता (1851),
4. इण्डियन एसोसियेशन फॉर कल्टीवेशन ऑफ सांइस (1876),
5. पास्चर इन्स्टीट्यूट, कसौली (1900),
6. हाफकिन इन्स्टीट्यूट, बम्बई (1900),
7. भारतीय शोध अनुदान संघ (1911),
8. इण्डियन काउन्सिल ऑफ एग्रीकल्चरल रिसर्च, नई दिल्ली (1913),
9. राष्टीय विज्ञान एकेडेमी (1931),
10. इण्डियन मेडीकल काउन्सिल (1933),
11. वैज्ञानिक एवम् औद्योगिक शोध संस्थान, नई दिल्ली (1942)।

इसके अतिरिक्त भी विभिन्न क्षेत्रों में संस्थाएँ स्थापित की गई थीं जिनकी संख्या उपरोक्त तालिका से भी कही अधिक है। वास्तव में ब्रिटिश शासनकाल की समयावधि में भारत में मुख्य रूप से अनुसंधान पर बल दिया गया था। प्रसिद्ध भारतीय वैज्ञानिक **सी.वी.रमन, एस.एन.बोस, मेघनाथ साहा**, एच.जे. भाभा एवम् अन्य वैज्ञानिक ब्रिटिश काल की ही देन थे। लेकिन भारत में उद्देश्यपरक अनुसंधान का विकास मुख्य रूप से स्वतंत्रता के बाद ही हो सका है।

## 2. स्वतंत्रता के पश्चात् (After Independence)

भारतीयों ने स्वतंत्रता प्राप्ति के पश्चात् यह अनुभव किया कि देश के वास्तविक विकास के लिए अनुसंधान पर बल देना आवश्यक है इसीलिए अनुसंधान के क्षेत्र में स्वतंत्रता प्राप्ति के पश्चात् उललेखनीय प्रगति एवम् वृद्धि हुई है। भारतीय संसद ने प्रथम प्रधानमंत्री जवाहरलाल नेहरू के प्रयासों के

फलस्वरूप अनुसंधान सम्बन्धी नीति को विधेयक द्वारा 4 मार्च 1958 को सर्वसम्मति से पारित किया जिसका उद्देश्य देश की जनता के लिए अनुसंधान की सुविधाएँ उपलब्ध कराना था। पं॰ नेहरू के प्रयासों से ही भारतीय वैज्ञानिक एवम् औद्योगिक परिषद् (सीएसआईआर) का पुनर्गठन किया गया। डॉ॰ भाभा ने बम्बई में टाटा इन्स्टीट्यूट ऑफ फन्डामेण्टल रिसर्च की स्थापना की जिसे अब भाभा एटोमिक रिसर्च सेन्टर (बार्क) के नाम से जाना जाता है इसके अतिरिक्त भारत सरकार ने अनुसंधान को प्रोत्साहन प्रदान करने हेतु विभिन्न क्षेत्रों में अर्द्ध-सरकारी संगठनों की भी स्थापना की थी जो निम्न प्रकार हैं -

1. वैज्ञानिक एवम् औद्योगिक अनुसंधान परिषद् (CSIR)
2. भारतीय कृषि अनुसंधान परिषद् (ICAR)
3. भारतीय आयुर्विज्ञान अनुसंधान परिषद् (ICMR)
4. विश्वविद्यालय अनुदान आयोग (UGC)
5. रक्षा विज्ञान विकास संगठन (DRDO)
6. भारतीय सामाजिक अनुसंधान परिषद् (ICSSR) आदि।

इनके अतिरिक्त भारत में कुछ निजी तथा सार्वजनिक क्षेत्र के संगठनों की भी स्थापना अनुसंधान के विकास हेतु की गई थी।

1. भारत इलैक्ट्रीकल्स, बंगलौर ।
2. फूड कॉरपोरेशन ऑफ इण्डिया, नई दिल्ली ।
3. हिन्दुस्तान एरोनोटिक लिमिटेड, बंगलौर ।
4. भारत हैवी इलैक्ट्रीकल लिमिटेड, भोपाल ।
5. हिन्द शिपयार्ड लिमिटेड, विशाखापटनम ।
6. फर्टीलाइजर्स कॉरपोरेशन ऑफ इण्डिया, सिन्दरी ।
7. श्रीराम इन्डस्ट्रीज, कोटा ।
8. एटलस साइकिल इन्डस्ट्रीज, सोनीपत ।

**प्रश्न-57 : सूचना एवम् ज्ञान की अलग-अलग विवेचना करते हुए यह भी बताइये कि इनका प्रकीर्णन प्राचीनकाल, मध्यकाल तथा वर्तमान में कैसे होता है ?**

सूचना तथा ज्ञान (Information and Knowledge) ग्रन्थालय एवम् ग्रन्थालय विज्ञान के परिप्रेक्ष्य में लगभग समानार्थी शब्द हैं। ज्ञान का तात्पर्य जो कुछ हमें ज्ञात है उसकी सम्पूर्ण राशि से लिया जाता है। सत्य, तथ्य, सूचना, सिद्धान्त तथा अन्य प्रकार की मान्य वस्तुएँ जिन्हें मानव ने अर्जित किया है उसकी सम्पूर्ण राशि को ज्ञान कहते हैं तथापि अनेक ऐसी वस्तुएँ हैं जिनका अस्तित्व होता है लेकिन मनुष्य उन्हें ज्ञात नहीं कर सका है तथा मनुष्य के ज्ञान से परे की वस्तुओं का ज्ञान भी अर्जित किया जा सकता है। इस प्रकार ज्ञान तथ्यों तथा सत्यों का भण्डार है जिसके अन्तर्गत जानने योग्य सभी वस्तुएँ, सभी ज्ञाता, ज्ञान की सूचना की सभी विधियाँ तथा ज्ञान को अर्जित करने अथवा वस्तुओं की जानकारी की जितनी भी विधियाँ होती हैं सभी सम्मिलित होती हैं।

सूचना का शाब्दिक अर्थ ज्ञान, बुद्धि, समझ, तथ्य, डेटा, सन्देश, बात, संकेत आदि से होता है जिसे सम्प्रेषण की क्रियाओं के माध्यम से सम्प्रेषित किया जाता है उन्हें सूचना की संज्ञा दी गई है। सूचना का तात्पर्य ज्ञान से लिया गया है। कभी-कभी ज्ञान के कुछ प्रकारों को सूचना कहते हैं लेकिन तात्पर्य की दृष्टि से ग्रन्थालय विज्ञान के परिप्रेक्ष्य में ज्ञान और सूचना एक दूसरे के पर्यायवाची हैं लेकिन फिर भी पर्यायवाची होने के साथ ही दोनों में अन्तर भी है। ज्ञान सम्पूर्ण ज्ञानराशि अथवा किसी वस्तु का द्योतक होता है तथा सूचना उस ज्ञान के विभिन्न अंगों एवम् शाखाओं का द्योतक होता है। इस प्रकार सूचना का तात्पर्य ज्ञान के प्रकार और ज्ञान के किसी पक्ष अथवा किसी सूक्ष्म तथ्य के परिप्रेक्ष्य में प्रयोग किया जाता है फिर भी मोटे तौर पर दोनों एक ही हैं।

शेरा (J.H. Shera) महोदय ने **ज्ञान** एवम् **सूचना** में भेद करते हुए स्पष्ट किया है कि- **Information is the input of the knowledge.** जो अत्यन्त ही बोधगम्य प्रतीत होता है तथा सूचना सदैव ज्ञानेन्द्रियों के माध्यम से अनेक प्रकार की विधियों के अनुप्रयोग के माध्यम से प्राप्त की जाती है तथा सम्प्रेषक तथा प्राप्तकर्त्ता दोनों के मध्य प्रयोग के माध्यम से प्राप्त की जाती है।

इस प्रकार सूचना किसी सम्पूर्ण के किसी एक भाग का संकलन होता है जिसका प्रयोग सम्पूर्ण ज्ञान के प्रस्तुतीकरण के लिए किया जाता है।

## सूचना तथा ज्ञान का प्रकीर्णन (Dissemination of Information and Knowledgte)

सूचना तथा ज्ञान का प्रकीर्णन करना तभी से प्रारम्भ हो गया था जबसे ज्ञान की उत्पत्ति होना प्रारम्भ हुआ था इसलिए सूचना तथा ज्ञान के प्रकीर्णन को कालक्रम के अनुसार निम्न 3 भागों में विभाजित किया जा सकता है।

### 1. प्राचीनकाल में (In ancient time)

प्राचीन काल में आधुनिक जैसे साधन उपलब्ध नहीं थे फिर भी सूचना एवम् ज्ञान के प्रकीर्णन हेतु ऐसे कई साधन उपयोग में लाये जाते थे। जैसे-शिलालेखों पर लिखाई, चर्मपत्रों, भोजपत्रों, पेपीरस आदि पर लिखकर सूचना एवम् ज्ञान का प्रसार किया जाता था। इस समय का ज्ञान कुछ प्रमुख व्यक्तियों एवम् परिवारों तक ही सीमित रहता था। जिस व्यक्ति को कुछ ज्ञान प्राप्त होता था तो उस समय उसकी प्रवृत्ति दूसरों को प्रदान करने की नहीं होती थी। इसी कारण प्राचीनकाल का कितना ही ज्ञान जो प्राचीन काल में उपस्थित था वह विलुप्त हो गया। प्राचीन काल में मनोवैज्ञानिक ज्ञान, योगशास्त्र, ज्योतिषशास्त्र आदि का ज्ञान मूलरूप से किसी को नहीं बताया जाता था यह कुछ सीमित व्यक्तियों तक ही रहता था।

### 2. मध्यकाल में (In medieval time)

मध्यकाल में धर्मशास्त्र, ज्योतिष, गणित, न्याय तथा आयुर्विज्ञान के क्षेत्र में बहुत ज्ञान प्रचलित था जिसमें से बहुत सा ज्ञान बसीयत के रूप में प्राप्त हुआ था। यूरोपीय तथा भारत में उस समय ज्ञान की अनेक इकाइयाँ स्थापित हो चुकी थीं जिन्हें अकादमी अथवा विश्वविद्यालय के नाम से जाना जाता था। इसी काल में मुद्रण का आविष्कार हुआ जिसने ज्ञान के प्रसार में महत्वपूर्ण भूमिका निभाई। उस समय के विश्वविद्यालय सामान्य व्यक्ति की पहुँच से परे हुआ करते थे। शिक्षा जन-मानस से दूर थी इसलिए ज्ञान का प्रसार एवम् प्रचार कुछ सीमित लोगों तक ही था। उपरोक्त परिस्थितियों के साथ ही ज्ञान-संसाधनों के रूप में ग्रन्थों के माध्यम से ज्ञान का प्रसार होने लग गया था जिसके परिणामस्वरूप विभिन्न क्षेत्रों में ज्ञान का कुछ विकास हुआ। इस युग में यूरोप

के कुछ साहित्यकारों ने नवीन विचारों को जन्म दिया और ज्ञान जनता तक पहुँचे इस बात को भी उन्होंने स्वीकार किया जिससे धीरे-धीरे लोगों का ध्यान ज्ञान प्राप्ति की ओर बढ़ने लगा।

**3. आधुनिक काल में (In present times)**

मध्यकाल में हुए मुद्रण एवम् प्रकाशन के आविष्कार से ज्ञान एवम् सूचना के संचार में महत्वपूर्ण वृद्धि हुई। इनके अतिरिक्त वर्तमान युग में अन्य साधन जैसे ग्रन्थ, पत्रिकाएँ, समाचार-पत्र, फिल्में, रेडियो एवम् दूरदर्शन आज प्रमुख सूचना सम्बाहक के रूप में कार्य कर रहे हैं। आज प्राचीन समय की तरह ज्ञान को अपने तक ही सीमित रखने का प्रचलन एवम् अभिलाषा नहीं है बल्कि आज का अनुसंधानकर्त्ता अपने कार्य को शीघ्र से शीघ्र पत्रिकाओं में प्रकाशित कर अन्य व्यक्तियों तक पहुँचाने की इच्छा रखता है जिससे नवीन ज्ञान का दूसरे लोग भी लाभ उठा सकें। वर्तमान में विकसित प्रौद्योगिकी ने तो सूचना एवम् ज्ञान के प्रसार एवम् प्रचार में क्रान्ति उत्पन्न कर दी है। नवीन साधन हमें देखने को मिल रहे हैं जिनके माध्यम से सूचना तथा ज्ञान एक व्यक्ति से हजारों व्यक्तियों तक पहुँच रहा है। आज सूचना के प्रसार में नवीन से नवीन साधनों जैसे— कैसिट, मैग्नेटिक टेप, डिस्क, माइक्रोफिल्म आदि का प्रयोग किया जा रहा है।

## प्रश्न–58 : 17वीं शताब्दी में अनुसंधान एवम् विद्धता के विकास की विवेचना कीजिए ?

आधुनिक ग्रन्थालय उद्देश्य की पूर्ति हेतु न केवल ज्ञान-सामग्रियों का संग्रह कर रहे हैं बल्कि उनका अधिक से अधिक उपयोग कराकर महत्वपूर्ण भूमिका निभा रहे हैं जो आधुनिक ग्रन्थालयों का एक आवश्यक क्रियाकलाप माना जाता है तथा जिसके लिए उनकी संचालन व्यवस्था समाज, समुदाय, राष्ट्र यहाँ तक कि अन्तर्राष्ट्रीय संस्थाएँ करती हैं। जब ज्ञान आज की भाँति इतना विकसित एवम् विशाल मात्रा में उपलब्ध नहीं था उस स्थिति पर भी हम यदि दृष्टिपात करें तो यह स्पष्ट होगा कि मानव अपने अनुभवों के आधार पर ज्यो-ज्यों क्रमिक रूप से अपनी जिज्ञासा के माध्यम से ज्ञान को सृजित करता रहा है तथा जब आधुनिक साधन उपलब्ध नहीं थे तब भी वह उस ज्ञान को पीढ़ी

दर पीढ़ी के लिए सुरक्षित रखने हेतु अनेक उपाय ढूढ़ता एवम् सृजित करता रहा है।

अनुसंधान एवम् विद्वता की प्रगति को क्रमशः दृष्टिपात करने से यह आभास होता है कि ज्ञान का आविर्भाव मनुष्य की बौद्धिक विशेषता, चिन्तनशीलता और ज्ञान-पिपासा की नैसर्गिक विशेषताओं के कारण हुआ है। प्रारम्भ में मानव ने आदिकाल मानव के रूप में उपयुक्त ज्ञान-साधनों के अभाव में जो जानकारी प्राप्त की थी वह भी ज्ञान के विकास की आधारशिला रही है। यद्यपि ज्ञान का स्वरूप उस मौलिक रूप में अब नहीं रहा है फिर भी अनुसंधान, विद्वता तथा ग्रन्थालय की भूमिका को 17वीं शताब्दी से सक्रिय माना जाय तो वह इस परिप्रेक्ष्य में पर्याप्त उपयोगी होगी। इस दृष्टि से निम्न बिन्दुओं पर प्रकाश डालना इस क्षेत्र को स्पष्ट कर देता है।

### 1. कलात्मक, बौद्धिक एवम् धार्मिक जीवन

17वीं शताब्दी में ईसाईयत के क्षेत्र में बहुत पुनरुत्थान हुआ है जिसके परिणामस्वरूप इसकी Catholic धारणा विकसित हुई है और इसी अवधि में अनेक प्रकार के सुधार भी हुए हैं और इस प्रकार ईशु के अनुयायियों का एक समुदाय भी निर्मित किया गया है और ईसाई धर्म की प्राचीन कट्टरवादिता को कम किया गया है परिणामतः अनेक प्रकार की कलाओं का भी उद्भव हुआ।

### 2. उत्तरी सांस्कृतिक नेतृत्व

17वीं शताब्दी के प्रारम्भ में स्पेन अपने स्वर्णकाल से गुजर रहा था जिसमें साहित्य, कला और विज्ञान में मौलिकता एवम् व्यक्तिगत उपलब्धियों से प्रमाण मिलते हैं जिसका प्रभाव सभी पश्चिमी यूरोपीय देशों पर तेजी के साथ पड़ा है। 17वीं शताब्दी के प्रारम्भ में ही गैलीलियों की पृथ्वी और सूर्य की गति को मौलिक रूप से स्पष्ट किया है जो इटली की महान देन है और इस शताब्दी के पूर्वाद्ध के प्रथम दशकों में हालैण्ड भी अपने स्वर्णकाल में चल रहा था जिससे वहाँ भी कला एवम् साहित्य का अत्यधिक विकास हुआ। पश्चिमी सभ्यता के इतिहास में हजारों वर्ष पूर्व जो परिवर्तन नहीं हुआ था वह 17वीं शताब्दी के पूर्वार्द्ध के पश्चात् हुआ है।

### 3. वैज्ञानिक क्रान्ति (Scientific Revolution)

17वीं शताब्दी के अन्तिम दशकों में वस्तुतः वैज्ञानिक दृष्टि से क्रान्ति उत्पन्न हुई जो वस्तुतः प्राचीनतम खगोल विद्या के प्रमाणों और सिद्धान्तों को बिल्कुल उलट दिया और प्रामाणिक सिद्ध कर दिया तथा इसी प्रकार प्राचीन विज्ञान के यन्त्रीकरण की भी अवधारणाओं को गलत सिद्ध कर दिया और एक ऐसा युग आया जिससे प्राचीन विचारधाराओं विशेषकर नक्षत्र, पृथ्वी और सूर्य की स्थिति को जैसा प्राचीन धर्मशास्त्रों में मान्यता प्रदान की गई थी और जिन्हें प्रामाणिक मानकर सत्य का रूप दिया गया था उन्हें नवीन विचारधाराओं ने बिल्कुल असत्य सिद्ध कर दिया। प्राचीन विचारधारा जो विश्व के निर्माण और सृष्टि से सम्बन्धित थी जिसका अभिप्राय विश्व को सार्वभौमिक शक्ति द्वारा संचालित होना बताया गया। इस धारणा की नवीन धारणाओं ने बिलकुल असत्य सिद्ध कर दिया। परिणामतः बाइबिल के अनुसार पृथ्वी की उत्पत्ति, जीवों की उत्पत्ति, पृथ्वी की गति, सूर्य एवम् चन्द्र की गति को प्राचीन धारणाओं को चुनौती मिल जाने से पाश्चात्य जगत में अत्यधिक विवाद हुआ। इस अवधि में गैलीलियो, फ्रान्सिस बेकन, न्यूटन आदि वैज्ञानिकों के आविष्कार महत्वपूर्ण रहे हैं। खगोल विद्या के क्षेत्र में गति के नियम, गुरुत्वाकर्षण के नियमों ने एक क्रान्ति उत्पन्न कर दी जिससे सर्वप्रथम पृथ्वी की गति की सन्तोषजनक जानकारी सामने आई जिससे कई हजार वर्षों पुरानी परम्परा को धक्का लगा। 17वीं शताब्दी में अनेक प्रकार के वैज्ञानिक उपकरणों के विकास और सृजन चिरस्मरणीय रहेगा।

### 4. धर्म (Religion)

मानव जीवन में धर्म की भूमिका अत्यन्त महत्वपूर्ण रही है। लेकिन राज्य की धार्मिक समाज के रूप में परिकल्पना घटती गई और धर्मनिरपेक्ष राज्य की परिकल्पना का प्रादर्भाव हुआ तथा ईसाई धर्म का प्रभाव धीरे-धीरे समाप्त होता गया तथा वैज्ञानिक दृष्टिकोण का अभ्युदय होने लगा। इस प्रकार धार्मिक कट्टरता की विचारधारा में मौलिक परिवर्तन प्रारम्भ होना शुरू हो गया।

### 5. सामाजिक एवम् आर्थिक जीवन (Social and Economic Life)

17वीं शताब्दी के अन्तिम दशक में तर्क एवम् बुद्धि का युग (Age of

Reasoning) प्रारम्भ हुआ जिसमें फ्रान्स के दार्शनिकों की भूमिका महत्वपूर्ण रही है। वैज्ञानिक क्रान्ति के फलस्वरूप साहित्यकारों एवम् विद्वानों ने एक नवीन जगत का दृष्टिकोण प्रस्तुत करना प्रारम्भ कर दिया जिसके फलस्वरूप जीवन के प्रति लोगों का एक नवीन दृष्टिकोण सामने आने लगा। उस समय के लोगों को यह आभास होने लगा कि जगत को उनके चारों ओर के वातावरण एवम् परिस्थितियों को मूलरूप से परिवर्तित करने की क्षमता है जिसे अब तक वे ईश्वरीय कृपा मानते थे। समाज में कुछ विशिष्ट लोगों की विचारधाराओं में भी उदारता आने लगी तथा सार्वजनिक जीवन के अधिकारों के प्रति भी मानव में जागृति आई। इसी समयावधि में रॉयल सोसाइटी ऑफ इंग्लैण्ड ने भी सामाजिक एवम् आर्थिक विचारधाराओं में परिवर्तन करने के प्रयास शुरू कर दिये थे।

**प्रश्न-59 : अनुसंधानकर्त्ता को अनुसंधान से सम्बन्धित सामग्रियों की क्यों आवश्यकता होती है ? तथा इनके सूचनास्रोत कौन से हैं ? समझाइये ।**

सूचना एवम् ज्ञान का प्रकीर्णन एवम् सम्प्रेषण एक वैज्ञानिक प्रक्रिया एवम् कार्य है। जिसका प्रशिक्षण लेने की आवश्यकता पड़ती है तथा उसके लिए अत्यन्त ही सावधान एवम् सक्रिय रहने की आवश्यकता होती है। मात्र इतना ही जान लेना आवश्यक नहीं होता कि सूचना अथवा ज्ञान की प्रकृति क्या है? बल्कि उसका प्रयोग किस प्रकार करना है इसकी भी जानकारी आवश्यक है? और साथ ही यह भी जानना आवश्यक है कि किस व्यक्ति को कितनी सूचना की आवश्यकता है तथा सूचना के उपयोग की दृष्टि से कितनी मात्रा उपयोगी है।

विश्व में प्रकाशित अनुसंधान की समस्त सामग्री को सुरक्षित रखना और उसे प्रसार के लिए प्रस्तुत करना आज एक सामाजिक आवश्यकता बन चुकी है जिससे अनुसंधानात्मक ज्ञान का विशेषज्ञ लाभ उठा सकें। अनुसंधानकर्त्ता किसी सामग्री का उपयोग करने से पूर्व उसका अवलोकन करता है इसलिए अनुसंधान से सम्बन्धित सामग्री की प्राप्ति के लिए तथा जानकारी के लिए निम्न अवस्थाएँ प्रमुख चरण माने गये हैं —

1. व्यक्तिगत रूप से ज्ञान.सामग्री को देखना।
2. ज्ञान.सामग्री में निहित उपयोगी आलेखों की खोज करना एवम् उन्हें प्राप्त करना।
3. ऐसे आलेखों के सारांशों को ज्ञात करना जो उपयोगी हों जिससे उसकी मूल प्रति का अवलोकन किया जा सके।
4. चूँकि अनुसंधान की दृष्टि से सामयिक साहित्य के साथ-साथ पूर्व व्यापी साहित्य की भी आवश्यकता पड़ती है इसलिए दोनों प्रकार की सामग्री प्राप्त करने हेतु साधनों का प्रयोग करना पड़ता है।

## अनुसंधान सामग्रियों की आवश्यकता (Need for Research Material)

जितने भी अनुसंधान किये जाते हैं चाहे वे मौलिक हों अथवा समस्यामूलक समस्याओं के समाधान, बौद्धिक विकास, आर्थिक अथवा औद्योगिक प्रगति, स्वास्थ्य एवम् सुरक्षा की समस्याओं के निदान अथवा सुधार की दृष्टि से किये गए हों उन सभी के लिए यह अति आवश्यक है कि उन प्रकरणों एवम् समस्याओं से सम्बन्धित प्रतिपादित विषयों पर अनुसंधान करने से पूर्व कौन-कौन से अनुसंधान कार्य एवम् अध्ययन सम्पन्न किये गये हैं और उन पर कौन-कौन सा साहित्य उपलब्ध है इसकी जानकारी होना अति आवश्यक है जिसके अनेक लाभ हैं। किसी भी नवीन विचारधारा की सृष्टि एवम् उत्पत्ति के लिए भी अतीत में क्या साहित्य उत्पादित हुआ है उसका अवलोकन करने की भी आवश्यकता पड़ती है। इसके अभाव में अनेक प्रकार की समस्याएँ एवम् कठिनाइयाँ उत्पन्न होती हैं। इसी प्रकार मौलिक अनुसंधानों हेतु भी अनुसंधान की प्रक्रिया में जो पूर्व में गई है, वे कैसे की गई हैं और किन-किन विधियों का प्रयोग किया गया है कौन-कौन से प्रयोग किए गए हैं? विषय को किस प्रकार चुना गया है उनसे सम्बन्धित डेटा क्या हैं? किस ढंग से गणना की गई है तथा उसका क्या निष्कर्ष निकला है तथा अनुसधान के समय किन सामग्रियों का उपयोग किया गया वे पूर्वव्यापी कृतियों से ही प्राप्त होता है। पूर्वव्यापी कृतियों से न केवल मौलिक, नवीन अनुसंधान के कार्य का मार्ग प्रशस्त होता है बल्कि अनावश्यक पुनरावृत्ति से बचने में भी सहायता मिलती है। पूर्वव्यापी सामग्री को नवीन अनुसंधान का महत्वपूर्ण उपकरण माना जाता है।

अनुसंधानकर्त्ता को न केवल मौलिक सामग्रियों की आवश्यकता पड़ती

है बल्कि मौलिक सामग्रियाँ कहाँ से उपलब्ध हैं तथा किस रूप एवम् किस मात्रा में उपलब्ध हैं इनकी जानकारी की आवश्यकता होती है। ऐसी सामग्रियों को सूचना स्रोत की संज्ञा दी गई है जो अनेक प्रकार की होती हैं। किसी विषय पर क्या चल रहा है और क्या अतीत में हुआ है इस बात की जानकारी इन सूचना स्रोतों से प्राप्त होती है। अगर ये सूचना स्रोत नहीं होते तो विशाल मात्रा एवम् विविध रूपों में उपलब्ध ज्ञान-सामग्रियों में से अपनी वान्छित सामग्री को ढ़ूढ़ निकालना अनुसंधानकर्त्ता के लिए असम्भव नहीं तो कठिन अवश्य हो जाता। इन्हीं कारणों से अनुसंधान हेतु नवीन सूचना स्रोतों की आवश्यकता होती है।

### अनुसंधान सामग्रियों के सूचना स्रोत (Information Sources for Research)

अनुसंधान से सम्बन्धित सूचना स्रोतों का विवरण निम्न प्रकार है—

1. Index and Indexing Peridocials.
2. Abstracts and Abstracting Periodicals.
3. Research Reports.
4. Doctoral Dissertations
5. Biographical Sources
6. Encyclopaedias and Dictionaries
7. Patents and Specifications
8. Directories
9. Handbook and Manuals.

## प्रश्न-60 : भारत में वैज्ञानिक अनुसंधान के क्षेत्र में वैज्ञानिक एवम् औद्योगिक अनुसंधान परिषद् ( CSIR ) के योगदान की समीक्षा कीजिए ?

भारत में ब्रिटिश कालीन सरकार ने वैज्ञानिक अनुसंधान को प्रोत्साहन प्रदान करने हेतु सन् 1857 में कलकत्ता, बम्बई तथा मद्रास में तीन विश्वविद्यालयों की स्थापना करके आधुनिक शिक्षा एवम् अनुसंधान की नीव रखी। लेकिन इन विश्वविद्यालयों में वैज्ञानिक अनुसंधान की ओर पर्याप्त ध्यान नहीं दिया गया।

लेकिन सन् 1934 में आकर ब्रिटिश सरकार ने भारत में वैज्ञानिक एवम् औद्योगिक अनुसंधान को प्रोत्साहन प्रदान करने हेतु **इण्डियन इन्ड्रिस्ट्रियल रिसर्च ब्यूरो** की स्थापना की जिसने अनुसंधान के क्षेत्र में महत्वपूर्ण भूमिका निभाई। इसकी आवश्यकता एवम् महत्व को देखते हुए इसका नाम परिवर्तित कर 1942 में **कॉउन्सिल ऑफ साइन्टिफिक एण्ड इन्ड्रिस्ट्रियल रिसर्च (CSIR)** रख दिया गया। स्वतंत्रता प्राप्ति के पश्चात् भारत की पंचवर्षीय योजनाओं में इस संस्था को समुचित महत्व देकर अधिक शक्तिशाली एवम् महत्वपूर्ण बनाया गया।

### संगठन (Organisation)

सीएसआईआर 42 प्रयोगशालाओं का एक सामूहिक संगठन है जो एक समिति के रूप में कार्यरत है। इसके संगठन में दो प्रकार की व्यवस्था है जिसमें कुछ पदाधिकारी तथा परिषदें कार्यरत हैं। इसकी प्रत्येक प्रयोगशाला एक निदेशक के निर्देशन में कार्य करती है।

**( अ ) पदाधिकारी**

अध्यक्ष - देश का प्रधानमंत्री

उपाध्यक्ष - विज्ञान एवम् प्रौद्योगिकी मंत्री

महानिदेशक - सभी निदेशकों के ऊपर एक

**( ब ) परिषद्/समितियाँ**

प्रबन्ध समिति, सलाहकार समिति, तकनीकि परामर्श परिषद्, अनुसंधान परिषद् तथा प्रबन्ध परिषद् आदि कार्य करती हैं।

### योगदान एवम् भूमिका (Role and contributions)

सीएसआईआर निम्न विषय क्षेत्रों में अपने क्रियाकलापों का आयोजन करके वैज्ञानिक अनुसंधान के क्षेत्र में अपनी महत्वपूर्ण भूमिका का निर्वाह कर रही है।

| ( अ ) वैज्ञानिक क्षेत्र में | ( ब ) औद्योगिक क्षेत्र में |
|---|---|
| भौतिकी | उद्योग |
| रसायन शास्त्र | प्रौद्योगिकी |

| | |
|---|---|
| गणित | औषधि शास्त्र |
| जीव विज्ञान | कृषि |
| प्राणी विज्ञान | रक्षा विज्ञान |

1. **वैज्ञानिक अनुसंधानको प्रोत्साहन** — भारत में वैज्ञानिक एवम् औद्योगिक अनुसंधान हेतु प्रोत्साहन एवम् मार्गदर्शन प्रदान करना तथा उनमें समन्वय स्थापित करना ।
2. वैज्ञानिक एवम् औद्योगिक अनुसंधान के नवीन क्षेत्रों एवम् विषयों का निर्देश देना ।
3. अन्तर्विषयी अनुसंधान कार्यक्रमों को प्रोत्साहन प्रदान करना ।
4. वैज्ञानिक एवम् औद्योगिक अनुसंधान से जुड़े हुए प्रलेखन केन्द्रों का विकास करना एवम् प्रोत्साहन प्रदान करना ।
5. वैज्ञानिक एवम् औद्योगिक अनुसंधान को प्रोत्साहन प्रदान करने हेतु अनुसंधानकर्त्ताओं को फैलोशिप/स्कोलरशिप आदि के माध्यम से आर्थिक सहायता प्रदान करना ।
6. अपने अधीन संचालित समस्त प्रयोगशालाओं/शोधशालाओं में निष्पादित अनुसंधानों के परिणामों, निष्कर्षो, विधियों, प्रविधियों का सर्वाधिक उपयोग कर देश के औद्योगिक विकास में सहायता प्रदान करना ।
7. वैज्ञानिक एवम् औद्योगिक अनुसंधान से सम्बन्धित प्रयोगशालाओं, कार्यशालाओं, संस्थाओं तथा अन्य प्रकार के संगठनों की स्थापना, व्यवस्था तथा प्रबन्ध करना तथा उन्हें बनाये रखना जिससे इन क्षेत्रों में अनुसंधान सम्बन्धी क्रियाकलाप निरन्तर संचालित होते रहें ।
8. अपनी प्रयोगशालाओं में शोधरत वैज्ञानिकों एवम् अनुसंधानकर्त्ताओं को सूचना उपलब्ध कराने के उद्देश्य से सूचना का संग्रह, व्यवस्था तथा प्रसारण करना ।
9. वैज्ञानिक अनुसंधान पर आलेखों का प्रकाशन करने हेतु वैज्ञानिक एवम् शोध पत्रिकाओं का प्रकाशन करना ।
10. इनके अतिरिक्त ऐसे अन्य सभी कार्य करना जो वैज्ञानिक एवम् औद्योगिक क्षेत्र में अनुसंधान को प्रोत्साहित करने हेतु आवश्यक हैं ।

## उपलब्धियाँ (Progress)

इस परिषद् ने वैज्ञानिक एवम् उद्योगों के क्षेत्र में अपने अनुसंधानों के माध्यम से निम्न उपलब्धियाँ प्राप्त की हैं —

1. रसायन, औषधि एवम् इलैक्ट्रानिक्स आदि क्षेत्रों में अनेक प्रकार की प्रक्रियाओं, विधियों तथा तकनीकियों को विकसित करने में अनेक उपलब्धियाँ अर्जित की हैं ।
2. पीने का पानी, खाद्य प्रौद्योगिकी एवम् अन्तरिक्ष के क्षेत्र में अनुसंधानों के माध्यम से अनेक उल्लेखनीय उपलब्धियाँ अर्जित की हैं।
3. वातावरण की रक्षा एवम् सुरक्षा के क्षेत्र में भी विशेष उपलब्धि प्राप्त की है।

## प्रश्न-61 : एक उत्तम अनुसंधानकर्त्ता में क्या गुण एवम् विशेषताएँ होना आवश्यक है ? विवेचना कीजिए ?

अनुसंधान कार्य ऐसा कार्य है जिसे हर व्यक्ति सम्पन्न नहीं कर सकता है। वही व्यक्ति अनुसंधान कार्य करने में सफल हो सकता है जिसमें सामान्य व्यक्तियों की अपेक्षा कुछ विशिष्ट गुण एवम् विशेषताएँ होती हैं। अनुसंधान की सफलता बहुत कुछ इस बात पर निर्भर करती है कि अनुसंधानकर्त्ता कितना सक्षम, कुशल एवम् योग्य है तथा अनुसंधान में उसकी रुचि एवम् अभिरुचि क्या है तथा डेटाओं के विश्लेषण में वह कितना निपुण है। इन सभी तथ्यों को देखते हुए एक उत्तम अनुसंधानकर्त्ता में निम्न गुणों एवम् विशेषताओं का होना अनिवार्य है -

### 1. शारीरिक गुण (Physical Qualities)

एक उत्तम अनुसंधानकर्त्ता का शरीर हृष्ट-पुष्ट तथा आकर्षक, स्वस्थ्य होने साथ-साथ वह परिश्रमी, व्यवहारकुशल, नम्र स्वभाव तथा भाई चारे आदि के गुणों से युक्त होना आवश्यक है। इन गुणों के कारण वह अपने सम्पर्क में आने वाले व्यक्तियों को अपनी ओर शीघ्र आकर्षित कर सकता है तथा दूसरों से शीघ्र सम्बन्ध भी बना सकता है।

## 2. बौद्धिक गुण (Intellectual Qualities)

बौद्धिक गुणों के आधार पर वह अनुसंधान से सम्बन्धित समस्याओं को अधिक उत्तम ढंग से सुलझा सकता है। बौद्धिक गुणों के अन्तर्गत निम्न गुण माने जाते हैं।

(अ) अनुसंधानकर्त्ता में कल्पनाशीलता का गुण होना आवश्यक है जिसके आधार पर वह भविष्य में परिस्थितियों एवम् समस्याओं का अनुमान पहले से ही लगा सकता है तथा उनका समय रहते समाधान प्रस्तुत कर सकता है।

(ब) अनुसंधानकर्त्ता में अन्तर्दृष्टि (Insight) का पर्याप्त मात्रा में होना आवश्यक है। इस गुण के आधार पर वह अनुसंधान में आने वाली कठिनाइयों को शीघ्रतम जान लेता है तथा अन्तर्दृष्टि के आधार पर उनका समाधान भी शीघ्र कर लेता है।

(स) तीसरा बौद्धिक गुण चिन्तनशीलता है यदि अनुसंधानकर्त्ता में चिन्तनशीलता का गुण है तो उसे अनुसंधान से सम्बन्धित समस्याओं के समाधान में सरलता होती है।

(द) चतुर्थ बौद्धिक गुण तार्किक योग्यता का पर्याप्त मात्रा में होना आवश्यक है। तर्क चिन्तन की वह प्रक्रिया है जिसके आधार पर अनुसंधानकर्त्ता अनुमान लगा सकता है अथवा सामान्य नियमों के आधार पर समस्या का समाधान करता है।

(य) एक उत्तम अनुसंधानकर्त्ता में सृजनशीलता का बौद्धिक गुण का होना भी आवश्यक है। सृजनशीलता का गुण वह योग्यता है जिसके द्वारा नवीन सम्बन्धों का ज्ञान होता है जिसकी उपस्थिति में चिन्तन के परम्परागत परमानों से हटकर असाधारण विचार उत्पन्न होते हैं।

## 3. व्यक्तित्व सम्बन्धी गुण (Personality Qualities)

एक उत्तम अनुसंधानकर्त्ता में व्यक्तित्व सम्बन्धी निम्न गुणों का होना आवश्यक है।

(अ) अनुसंधानकर्त्ता में पहल करने की विशेषता होना आवश्यक है जिसके आधार पर वह अन्य अनुसंधानकर्त्ताओं से अपना सम्पर्क शीघ्र स्थापित

कर सकता है जिससे वह कठिन कार्यों को शीघ्र प्रारम्भ कर सकता है।

(ब) उसमें आत्मविश्वास तथा निर्भरता का गुण भी होना आवश्यक है। इन गुणों के आधार पर वह अनुसंधान से सम्बन्धित कठिन परिस्थितियों में भी वह हिम्मत नहीं हारता है और अपना कार्य पूर्ण करने में सफल हो जाता है।

(स) उसमें उत्तरदायित्व की भावना का होना भी अत्यन्त आवश्यक है। जब तक कोई भी व्यक्ति अपना उत्तरदायित्व अनुभव नहीं करता है तब तक वह सही रूप में कार्य करने में सफल नहीं हो पाता है जिस भी अनुसंधानकर्त्ता में उत्तरदायित्व की भावना जितनी प्रबल होगी वह उतने ही शीघ्र अपना अनुसंधानकार्य पूर्ण करने में सफल हो जायेगा।

(द) अनुसंधान के प्रति रुचि एवम् अभिरुचि का होना भी अत्यन्त आवश्यक है। अभिरुचि के बिना अनुसंधान कार्य तो क्या कोई भी व्यक्ति अपना सरल से सरल कार्य भी सम्पन्न नहीं कर सकता जब तक कि उस कार्य के प्रति उसमें अभिरुचि न हो।

(य) इन गुणों के अतिरिक्त अनुसंधानकर्त्ता में सच्चाई एवम् ईमानदारी की भावनाओं का होना भी अत्यन्त आवश्यक है इन गुणों के कारण ही वह अनुसंधान को उसी रूप में देखकर प्रस्तुत करता है इसलिए उसके द्वारा संग्रहीत एवम् विश्लेषित किए गए डेटा सदैव सत्य ही होते हैं।

**4. विषय-सम्बन्धी गुण (Qualities concerned with subject Matter)**

एक उत्तम अनुसंधानकर्त्ता में अपने अनुसंधान से सम्बन्धित समस्या का पूर्ण ज्ञान होना आवश्यक है तथा साथ ही अपनी समस्या से सम्बन्धित अन्य अनुसंधान अध्ययनों का ज्ञान होना भी आवश्यक है। उसे यह भी ज्ञात होना चाहिए कि उसके पूर्व के अन्य अनुसंधानकर्त्ताओं ने क्या-क्या अनुसंधान कार्य किए हैं। इसके साथ ही अपने अध्ययन का पूर्ण तकनीकि ज्ञान भी होना आवश्यक है। उसे यह भी ज्ञान होना चाहिए कि अपनी समस्या से सम्बन्धित डेटाओं का विश्लेषण सांख्यिकीय प्रविधियों के आधार पर किस प्रकार किया जायेगा तथा अध्ययन से प्राप्त निष्कर्षो एवम् परिणामों को किस प्रकार सामान्यीकरण किया जायेगा।

इस प्रकार निष्कर्ष रूप में हम कह सकते हैं कि एक अनुसंधानकर्त्ता में यदि उपरोक्त सभी गुण एवम् विशेषताएँ निहित हैं तो वह अपने अनुसंधान कार्य को शीघ्र, त्रुटिरहित एवम् मौलिक रूप से सम्पन्न करने में सफल अवश्य ही हो सकता है।

**********